Gloria Samperio

HIDRO PONIA Fácil

PARA JÓVENES
(y no tan jóvenes)

D1695631

Hidroponia fácil
para jóvenes y no tan jóvenes

Diseño de portada: Factor 02/Eleazar Maldonado
Diseño de interiores: Víctor Manuel Montalvo Flores Magón
Ilustraciones de interiores: Fabián Cobos Hernández
Fotografías de interiores y de autora: archivo personal de Gloria Samperio

© 2008, Gloria Samperio Ruiz

Derechos reservados

© 2008, Editorial Diana, S.A. de C.V.
Avenida Presidente Masarik núm. 111, 2o. piso
Colonia Chapultepec Morales
C.P. 11570 México, D.F.
www.diana.com.mx

Primera edición: marzo de 2008
ISBN: 978-968-13-4364-4

Este libro se terminó de imprimir en Edamsa
Impresiones S.A. de C.V. Av. Hidalgo (antes Catarroja)
No. 111, Col. Fraccionamiento San Nicolás
Tolentino, Deleg. Iztapalapa, 09850, México, D.F.

Contenido

Prólogo _____ 11
Introducción _____ 13
Capítulo   I   Proyecto de ciencias _____ 15
Capítulo   II   Ventajas de la hidroponia _____ 21
Capítulo   III   Todos podemos sembrar _____ 23
Capítulo   IV   Sustratos _____ 25
Capítulo   V   El sustrato para germinar _____ 29
Capítulo   VI   La semilla _____ 31
Capítulo   VII   La germinación _____ 33
Capítulo   VIII   Germinados o brotes
para consumo humano _____ 35
Capítulo   IX   Componentes de la planta _____ 39
Capítulo   X   Germinadores _____ 41
Capítulo   XI   Primera prueba hidropónica _____ 47
Capítulo   XII   Dónde conseguir las semillas ____ 51
Capítulo   XIII   Nace la siembra _____ 53
Capítulo   XIV   Las necesidades de las plantas ___ 63
Capítulo   XV   Contenedores _____ 69
Capítulo   XVI   Sistemas hidropónicos _____ 73
Capítulo   XVII   La nutrición de las plantas _____ 77
Capítulo   XVIII   Sistema de raíz flotante _____ 87
Capítulo   XIX   La polinización _____ 93
Capítulo   XX   Tutores _____ 97

Capítulo XXI La multiplicación de las plantas _____101
Capítulo XXII Proyecto para un invernadero construido
con materiales reciclados y destinado a la
producción para la venta _____105
Capítulo XXIII ¿Cuántas semillas tiene un gramo? _____109
Capítulo XXIV Piso, paredes y techo de un invernadero _____111
Capítulo XXV El concurso escolar _____115

Bibliografía   121
Glosario   123

Dedico este libro, con todo mi amor y agradecimiento, a mis hijas:

Goyis, Ana Cristi, y a mi nieta Anilú.

*Con mis mejores deseos a las
futuras generaciones, a quienes corresponde:*

*que con su inteligencia, entusiasmo y decisión logren cambiar
la difícil situación alimentaria de la humanidad.*

For Dieter O.
with my admired friend.
From.
    Gloria Samperio R

    2008

Mis más sinceros agradecimientos a:

Asociación Hidropónica Mexicana A.C.

Ingeniera Gloria Rodríguez S. México.

Química Ana Cristina Rodríguez S. México.

Doctor Prof. Fritz Gerald Schroeder. Alemania.

Ingeniero Dieter Oellerich. Alemania.

Doctor Dietmar Schwarz. Alemania.

Ingeniero Gonzalo Munguía Ponce. México.

Doctor Miguel Urrestarázu Gavilán. España.

Biólogo Alfredo Rodríguez Delfín. Perú.

Doctor Ko Welleman. Holanda.

Doctor Howard Resh. Estados Unidos.

Doctor Kanapathipi Wignarajah
NASA (Administración Nacional de Aeronáutica y del Espacio, Estados Unidos)

Alumna de Gloria Samperio muestra las lechugas que cosechó.

Prólogo

Las grandes ventajas de la hidroponia

Gloria Samperio se ha dedicado durante una buena cantidad de años a ejercer, trabajar, divulgar, enseñar y llevar a cabo un tratamiento que ha resultado innovador y práctico: hablamos de la hidroponia. Ésta propone difundir la tecnología para la realización de cultivos de flores, frutos y hortalizas sin tierra para los grandes, medianos, pequeños y microproductores, sin importar la región o temporada. Es una forma sencilla, limpia y de costo reducido para producir vegetales de rápido crecimiento y generalmente ricos en elementos nutritivos. Con esta técnica de agricultura a pequeña escala se utilizan los recursos que las personas tienen a la mano, como materiales de desecho, espacios sin utilizar, y tiempo libre.

Gloria Samperio tiene en su azotea un pequeño pero eficiente invernadero en el cual puede cultivar y recolectar todo tipo de frutos, minimizando costos y espacio, mientras maximiza su calidad y aprovechamiento. En su cobertizo tiene concentradas todas las técnicas utilizadas en la hidroponia; allí le ha sido posible capacitar a mucha gente proveniente del extranjero y de diversos estados de la República. Los productos que ella cultiva son codiciados en varios lugares como hospitales, restaurantes, hoteles, etcétera, debido a que, como es sabido, los frutos generados con esta técnica están libres de fertilizantes, el agua que se usa no está contaminada y no se exponen a plagas. La pequeña empresa creada por mi prima Gloria Samperio es la prueba misma, una demostración de que es posible generar una buena calidad y cantidad de productos en unos pocos metros con la utilización mínima de agua (en comparación con las cantidades industriales que se utilizan en el riego común).

Su negocio ha alcanzado carácter internacional. Gloria ha asistido a cursos en el extranjero y organizado muchos más en el país, invitando a especialistas de diversas partes del mundo. Para el Estado de México su labor es más que importante. Ella ha capacitado a un buen número de mexiquenses que, a su vez, capacitan a más personas en esta técnica, ya que por su fácil acceso se puede cultivar en aquellos lugares donde la agricultura normal es difícil o casi imposible. Además de ser un medio de potencial económico y que, por fortuna, día a día incrementa su número de socios, es una actividad que no sólo pretende ser una alternativa ante los problemas climáticos y ecológicos que encarecen la producción alimentaria, sino una opción para elevar la economía del país.

Cada vez más personas sabemos que el futuro de la generación alimentaria vegetal será a través de la hidroponia, más azoteas de las ciudades se irán poblando de pequeños invernaderos familiares o comunitarios; hay que saber que es precisamente la solución para las ciudades y sus predecibles hambrunas. Es también una de las maneras de evitar enfermedades rurales que sólo se adquieren por el uso de fertilizantes, aguas tratadas y el mal manejo de alimentos que provienen del campo.

La labor altruista que Gloria Samperio lleva a cabo debe ser vista con nuevos ojos por parte del gobierno federal; considero que éste debe apoyar y difundir dicha actividad en todos los rubros y de todas las maneras posibles.

El libro que ahora presentamos para sumarse a los cuatro anteriores, publicados con altos tirajes, es una herramienta sencilla, accesible y didáctica que, sin ser un manual, nos guía por el fascinante mundo de la hidroponia. Me siento muy orgulloso de que un miembro de mi familia trabaje por la comunidad nacional e incluso internacional.

GUILLERMO SAMPERIO

Introducción

¡Hola!

¿Te gustan las fresas? Hmmm.... Son deliciosas, dulces, rojas, jugosas y frescas. También son exquisitas combinadas con crema, azúcar o miel. Puedes cultivar ésta y otras frutas, flores y hortalizas con éxito y sin esfuerzo. Te invito a sembrar o a jugar, que es casi lo mismo. La hidroponia, o el cultivo sin tierra, te sorprenderá. Hidroponia es una forma novedosa de sembrar y cosechar, y tan fácil de realizar que parece un juego divertido. Te aseguro que te gustará y querrás empezar de inmediato.

Con esta enseñanza, sumada a tu talento, perseverancia, entusiasmo y audacia, podrás mejorar y cambiar al mundo.

Un niño es un científico en busca de la verdad, y tú podrás, con tu forma de pensar, empeño y emoción, encontrar esa verdad y decidir el futuro de la humanidad. Tu decisión e imaginación, que todavía juegan en tu maravillosa mente, servirán para convertir tus sueños en realidad. Esta etapa de tu vida es la más adecuada para recibir esta extraordinaria enseñanza y consolidar tus éxitos.

Es tiempo de cambiar y actualizar la forma de trabajar en todos los ámbitos. Al aplicar esta novedosa tecnología, sobre todo para el trabajo del campo, puedes lograr dicho cambio. También aprenderás a producir tus propios alimentos, más sanos y baratos. Así mejorarás tu vida y la de muchas personas más.

En la actualidad, la forma de trabajar en el campo es ardua y difícil. Tú puedes cambiarla y hacer que esa labor sea muy fácil, tanto para alimentarte como para obtener recursos económicos. Puedes ahorrar, compartir y ayudar, no sólo a los seres humanos sino al mismo planeta; además, tendrás mucho por enseñar a tus semejantes y, sobre todo, a las futuras generaciones.

Recuerda que la alimentación, tanto para las personas como para los animales, depende de las plantas: ellas nos alimentan, visten y curan. También ayudan al bienestar de nuestro planeta pues limpian el aire y propician lluvias y temperaturas convenientes. Por ahora sólo contamos con un planeta disponible para vivir: la Tierra, y es nuestro deber cuidarla.

El problema más grave para el mundo es la degradación ambiental; por consiguiente, es de vital importancia mejorar las técnicas agrícolas para evitar que el suelo pierda vitalidad y el desperdicio del agua, además de que a cada minuto es necesario alimentar a una población más numerosa.

Lee con cuidado este libro, sigue las instrucciones y conviértete en el héroe o en el sabio que ayudará al mundo. Recuerda que "sólo se aprende con la práctica". Sigue estos pasos y triunfarás.

Te deseo un extraordinario y brillante futuro, porque tú puedes hacerlo.

Tu amiga,
Gloria.

Te contaré la historia de cuatro de los muchos amigos triunfadores que tengo, y que son tan especiales como tú:

Lolita   **Vicente**   **Pilar**   **Pedro**

Gloria Samerio Ruiz

—Lo encontré tirado junto a una banca del jardín. Leí las primeras páginas y algo me atemorizó.

Capítulo I

Proyecto de ciencias

Una tarde soleada llegan a casa de Pilar sus compañeros de escuela para desarrollar un proyecto de ciencias. Todos tienen diferentes ideas: Pedro quiere desarrollar un proyecto para reciclar materiales. Pilar y Lolita, un proyecto ecológico. Falta uno de ellos, a quien esperan para escuchar su propuesta.

Unos minutos más tarde llega Vicente; parece emocionado y, al verlos, levanta su mano derecha y les muestra un libro medio maltratado. En voz alta, anuncia:

—¡Amigos! Quiero enseñarles un libro. Su tema es raro; revisé un poco y no me pareció tan complicado. Se trata de plantas y semillas, y compara a las plantas con los seres humanos. Explica que, como nosotros, también nacen, crecen y mueren. ¡Habla también de salvar al mundo del hambre! Pedro, ¿qué te parece mi descubrimiento?

—¡Ja, ja, ja! Vicente, ¿piensas que vamos a creerte? ¡O son plantas o son seres humanos!

Amigos, vean un libro raro que me encontré.

Dinos, Vicente, ¿dónde encontraste el libro y cuál es tu descubrimiento?

Vicente ha logrado despertar la curiosidad del grupo y responde:

—Lo encontré tirado junto a una banca del jardín. Leí las primeras páginas y algo me atemorizó…

Lolita, quien no es la más valiente del grupo, escucha con atención y se dirige a Vicente en voz baja:

—Oye, Vicente, ¿por qué te dio miedo ese libro, si te gusta tanto leer?

—Es que habla de la escasez de agua limpia que nos sirve para beber y que poco a poco se termina. También leí que, por la contaminación y por la tala de árboles, la temperatura del ambiente se calienta más y más. Ese calor es malo, muy malo para los seres humanos, las plantas y los animales. Me asusté porque los bosques, selvas y animales se están acabando y, si no cuidamos el ambiente, el planeta se puede dañar más todavía. Después será más difícil vivir en la Tierra. ¿No les parece de miedo?

Muy serio y un poco apesadumbrado, Pedro les dice:

—Eso está horrible pues, si no hay agua, ¿qué beberé cuando tenga sed y con qué me bañaré? Y si llego a comprar un coche, ¿con qué lo lavo? ¡Es espantoso!

Vicente contesta:

—Pedro, el libro dice también cosas muy buenas: explica cómo acabar con el hambre y con los problemas ecológicos de un pueblo,

Desierto

un país o de todo el mundo. La solución está en este libro. Fíjate que además nos invita a sembrar. ¿Qué tal si lo leemos? ¡A lo mejor podemos ganar el premio de ciencias!

Pilar comenta entre risas:

—¡Ja, ja, ja! Vicente, todo lo que dices parece muy complicado. Lolita y yo sólo queremos pasar el curso. Pero si todos quieren salvar al mundo del hambre con tu proyecto, empecemos. ¿Qué dices tú, Pedro?

—Bueno, sugiero que leamos el famoso libro, que además tiene título raro. ¡Imagínense! ¡Se llama *Hidroponia fácil*!

Lolita se burla de Pedro y le dice:

—Pedro, ¡qué dices! *Hidroponia fácil*… ¿Hidro qué…? ¿No será que se te olvidó leer y ahora inventas palabras? ¿O es un trabalenguas? Lee bien.

Vicente levanta la voz:

—Lolita, permíteme comenzar a leer. Hmmm… el libro se llama *Hidroponia fácil*, y aquí dice que la palabra "hidroponia" se compone de dos vocablos griegos: *hidro*, que significa "agua", y *ponos*, "trabajo".

Pilar pregunta:

—¿O sea que las personas deben trabajar en el agua? ¿Es ésa la solución para el mundo y sus problemas?

17

—No, Pilar. Aquí dice que hidroponia también significa "cultivo sin tierra" o siembra en agua.

Los tres chicos se ponen de pie, incrédulos, y a una voz gritan:

—¿Qué? ¿Cultivo sin tierra?

Vicente muestra el libro y los chicos lo observan, asombrados. Vicente les muestra la página y les dice:

¿Qué... cultivo sin tierra?

—Si de verdad esto se puede hacer, sería fabuloso, científico, maravilloso, extraordinario, novedoso; creo que sería un gran descubrimiento. Pero, ¡guau!, con este invento, seguro que ganaríamos el premio del proyecto escolar de ciencias.

Pedro, quien por un buen rato había permanecido callado para intentar comprender el tema, se pone muy serio y exclama:

—¿Qué? ¿Sembrar sin tierra? ¿Sembrar en agua? ¡No es posible! ¡Todos sabemos que se necesita tierra para sembrar!

Vicente continúa la explicación:

—Leí el libro y no lo podía creer. Descubrí que no todos los campos del mundo sirven para sembrar; que sólo entre un 6 y 8% del terreno mundial es útil. Que hay muchos campos con problemas porque están demasiado desnivelados; es decir, muy altos de un lado y muy bajos del otro.

"Otros están contaminados con basura, plásticos, pinturas, aceites, detergentes, llantas, botes, papeles, ácidos y más; eso es muy malo para las plantas. Es por eso que los terrenos contaminados no sirven para la siembra. Además, los campos que se han sembrado y vuelto a sembrar muchas veces, y durante muchísimos años, tampoco son buenos para la siembra, pues ya están muy gastados o empobrecidos. Otros terrenos, que antes servían para sembrar, ya están ocupados por construcciones."

Terreno contaminado

Pedro protesta:

—No inventes, Vicente, ¿a poco los terrenos que se usan para sembrar también se gastan, como si fueran dinero? ¿Se desgastan?

—Pedro, apenas puedo creer que todavía no sepas que las plantas consumen minerales que estuvieron presentes en la tierra y que, por tanta siembra, han disminuido. Estos minerales también se llaman nutrientes; por ejemplo, el calcio, el hierro y otros más. Las plantas los consumen poco a poco y los terrenos quedan sin nutrientes para alimentar nuevas plantas. Eso quiere decir que los terrenos están gastados o que son pobres, y que las plantas que se siembran ahí ya no encuentran con qué nutrirse; por tanto, no crecen, y hasta pueden morir.

Vicente se acerca a Pilar, le extiende el libro y la invita a continuar. Pilar no sabe si sentirse halagada por la invitación o si es un reto a sus conocimientos, así que toma el libro, lo observa, lo cierra y, con voz pausada, dice:

—Bueno, compañeros, les diré todo lo que debe hacerse para sembrar. Para su conocimiento, también se dice "cultivar". Primero debe tenerse un terreno. Después se renta o se compra un tractor para que recorra todo el campo que se quiere sembrar. Este tractor jala sobre la tierra una herramienta que se llama arado, que sirve para voltear y revolver la tierra. Días después, el tractor pasa de nuevo para jalar la "rastra" sobre la tierra y emparejar el suelo; más tarde, el tractor hace unos surcos o zanjas, donde se sembrarán las semillas.

"Pasados unos 20 o 25 días después de sembrar las semillas, nacen las plantas. Cuando éstas han alcanzado unos 15 o 20 centímetros de altura, se agrega un puño de fertilizante a la tierra que rodea a cada planta. El fertilizante sirve para ayudarle a crecer.

"Después es necesario esperar a que llueva; entonces, los campos se mojan, y es cuando las plantas toman agua. Pasa algún tiempo y, cuando la siembra está verde y más grande, los campesinos acostumbran retirar los pastos y hierbas que crecen junto a las plantas sembradas, porque dicen que no sirven y que le roban nutrientes a la siembra. Los campesinos deben realizar ese trabajo en todos los campos sembrados, a eso se le llama 'desherbar'.

"Unos días después se arrima más tierra junto a cada planta y se extiende alrededor del tallo. A esta técnica se le llama 'dar tierra', y debe hacerse en todas las siembras. A veces es necesario rociar pesticidas y plaguicidas en las plantas, que sirven para envenenar las plagas, los gusanos o insectos que enferman y matan a las plantas.

"Sé todo eso y más porque mi tío Chucho tiene un rancho en Alvarado, Veracruz. Allá viví como un año y pude ver cómo trabajan los campesinos."

En los rostros de sus amigos aparecen gestos de preocupación. Lolita se pone de pie y dice:

—Pilar; ¿tú dices que tendría que usar un tractor, esperar que llueva y comprar algo para envenenar a los gusanos? ¡No podemos hacer eso! Me parece una forma de sembrar muy difícil, cara y peligrosa. Yo prefiero aprender a cultivar sin tierra; creo que será más fácil, limpio y hasta divertido. ¿Por qué no empezamos el lunes?

Capítulo II

Ventajas de la hidroponia

Tal como lo acordaron, los amigos se reúnen el siguiente lunes. Ahora ya no sólo piensan en presentar el proyecto escolar, sino en ganar el concurso de ciencias. Vicente, como de costumbre, dirige las acciones y les dice:

—Amigos, ¿qué tal si empezamos hoy mismo nuestros apuntes? Llamaremos al proyecto "Las ventajas de la hidroponia". Lo haremos al tiempo que leemos el libro. Con nuestras propias palabras podemos escribir esas ventajas en forma de lista.

Así lo hacen y escriben sus conclusiones:

Ventajas de la hidroponia

1. Para los cultivos hidropónicos no se necesita tierra.
2. Todos los espacios se pueden utilizar, sean grandes, medianos o chicos, pues se puede cultivar en la azotea, en el jardín, en los pasillos y en los espacios desocupados. Sólo es necesario que el lugar reciba de 5 a 7 horas diarias de sol. Por ello, es posible cultivar en las ciudades que no tienen campo.
3. No se utiliza maquinaria agrícola como arado, tractor o azadón.
4. Los cultivos no dependen de la lluvia. No necesitamos que llueva para sembrar.
5. No se desperdicia el agua. Podemos utilizarla una y otra vez, y sólo emplear el agua que la planta bebe.
6. No es necesario combatir las plagas del suelo.
7. Podemos sembrar todos los días o sólo el domingo.

8. No se daña el suelo, no lo lastimamos con el tractor ni cavamos hoyos.
9. No se contamina el ambiente. No envenenamos el suelo.
10. Los vegetales están libres de pesticidas.

Pilar, Vicente y Lolita comentan que están satisfechos con su proyecto. Se sienten seguros de que ganarán el premio con este descubrimiento. Pedro reflexiona que esta forma de cultivar lo podría convertir en un pequeño empresario, y se dice:

—Si siembro jitomates, se los daría a mi mamá, y ella ya no los compraría; entonces, yo me ahorraría el cansado viaje al mercado. Si mi mamá no gasta en jitomates, entonces tendría más dinero para darme. Yo podría comprar más dulces o revistas, y podría rentar más películas. ¡Hmmm, eso suena muy bien! ¡Cuando aprenda hidroponia, así lo haré!

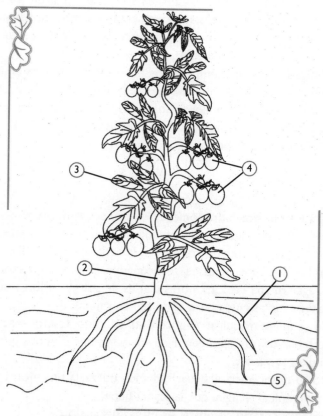

Planta de tomate: 1) Raíz, 2) Tallo, 3) Hojas, 4) Tomates, que antes fueron flores, 5) Solución nutritiva

Capítulo III

Todos podemos sembrar

Al llegar a casa de Pilar, ella los invita a sentarse y de inmediato les reparte fresas en pequeños platos muy limpios. También les ofrece agua fresca. Pedro y Vicente aceptan las frutas y el agua, no así Lolita, quien rechaza la fruta. Ante la insistencia de Pilar, Lolita se disculpa y explica, un poco apenada:

—No, gracias, Pilar. Las fresas me encantan y sé que son muy buenas para la salud, pero me ha dicho mi papá que a lo mejor las regaron con agua sucia o, como dice él, con aguas negras. Mejor sólo dame agua fresca.

Las amigas guardan silencio para escuchar la explicación de Vicente:

—En el libro dice que todos podemos cultivar con la técnica de hidroponia: desde niños de 7 u 8 años de edad, mujeres, hombres, personas mayores, ya sean débiles o fuertes, y hasta personas con capacidades diferentes.

A Pedro le sorprende la explicación y exclama:

—¡Órale! ¡Eso es fabuloso! ¿Ya ven, amigos? Entonces todos podemos sembrar sin tierra, aunque no seamos muy fuertes.

El grupo, entusiasmado, escucha leer a Pedro:

Alumnos de Gloria Samperio que aprenden las técnicas de los cultivos hidropónicos.

Capítulo IV

Sustratos

Sustratos inorgánicos:

Como sustitutos de la tierra pueden utilizarse algunos materiales, por ejemplo: grava, arena de río, volcánica o la que se emplea para construcción, tezontle, tepojal y otros materiales que también son naturales. Algunos se obtienen de las rocas y los científicos los han procesado para hacer cultivos hidropónicos. A todos ellos se les llama sustratos industrializados o agregados.

Lolita pregunta a Pedro:

—¿De verdad existen esos materiales?

—Sí, Lolita; el libro dice que esos materiales y otros más provienen de las rocas o de la espuma de lava que lanzó un volcán en erupción hace muchos años. Algunos sustratos son elaborados con algunas rocas llamadas silicatos; para procesarlos los calientan mucho hasta que explotan y, cuando se enfrían, adquieren una consistencia tan ligera como si fueran palomitas de maíz. Ése es el caso de la perlita, agrolita y vermiculita; por eso se llaman tratadas. Existe otro material que se llama lana de roca.

"Los científicos la llaman así porque utilizan una roca que se llama basalto, la combinan con un silicato y la calientan hasta transformarla en líquido, casi como agua. Cuando esa mezcla comienza a enfriarse se forman hilos, los cuales se solidifican, y entonces se cortan en trozos, según el tamaño que se necesite. Es el mismo proceso que se emplea para hacer algodones de azúcar."

Pedro detiene la lectura y comenta:

—Me siento animado a probar. Amigos, yo quiero sembrar pero no en sustratos raros; me parece mejor usar piedritas, grava o arena. Creo que serán baratas y fáciles de conseguir.

Pilar pregunta:

—¿No se podrá sembrar en otra cosa?

Pedro explica en forma relajada:

—En el libro dice que hay otros sustratos que se pueden utilizar, como el ladrillo molido. Bueno, no debe estar muy molido pues los pedacitos deben quedar como granitos de arroz. También sirve la teja de barro triturada, la piedra pómez o piedra poma, como se le conoce. Estos sustratos, y los que ya dijimos antes, duran mucho tiempo. Se les llama inorgánicos y su uso es sencillo.

Sustratos orgánicos:

Los aserrines y virutas de madera, la cascarilla de arroz, el tronco molido y la turba se llaman orgánicos, pero son más difíciles de usar porque duran poco y, después de un tiempo, se deshacen. Además, debemos prepararlos antes de usarlos, como pasarlos por vapor o agua caliente. A otros debemos ponerles cosas raras como formol o desinfectantes, y eso es complicado. ¿Qué te pasa, Lolita? ¿Qué quieres saber?"

—Pedro, ¡no juegues! Eso de turba me suena a manifestación. No me parece que sea algo para sembrar. ¡Nunca había escuchado esa palabra!

Vicente responde:

—Lolita, es verdad. Hace tiempo investigué sobre la turba y encontré que, cuando se formó la Tierra, algunas partes de la superficie quedaron sumidas. Pasó el tiempo y esos huecos se llenaron con plantas y animales que ahí murieron, además de polvo y lluvia que se juntaron también. Más tarde, en esos lugares crecieron árboles; debajo de ellos quedaron las plantas y los animales que se fosilizaron. Así se formó esa mezcla algo porosa y húmeda llamada "turba". Para extraerla se retira la primera capa de tierra, con todo lo que tiene encima, incluso plantas; después, sacan la turba del subsuelo y se utiliza para sembrar.

Pedro suspira y exclama:

—A mí me parece horrible que quiten la tierra, los árboles y el pasto que está encima de la turba para utilizarla. De todos modos, como leíste en el libro, tendríamos que escurrirla. Creo que eso no será tan fácil de hacer ni tan barato. Acerca de los árboles, yo digo que nunca debe derribarse un árbol si no se siembran otros en su lugar, por lógica. ¿O no?

Vicente interrumpe las reflexiones de Pedro:

—Mejor olvidamos los sustratos orgánicos y nos dedicamos a otro tema. Ya entendimos que vamos a sembrar sin tierra y que el sustituto de ésta se llama sustrato, ¿cierto? Así que copiemos la lista de sustratos del libro:

Sustratos inorgánicos:	**Sustratos orgánicos:**
Arena	Aserrín
Grava de río, volcán, de construcción	Cascarilla de arroz
Tezontle	Cascarilla de almendra
Tepojal	Turba
Ladrillo triturado	Troncos triturados
Teja triturada	Fibra o cáscara de
Perlita	coco
Agrolita	
Lana de roca	
Vermiculita	
Esponja	
Unicel	

Vicente continúa:

—Los sustratos sirven para sostener la planta y deben tener poros para retener la humedad. Así, la planta puede absorber el agua retenida en el sustrato.

Los amigos terminan de hacer su segunda lista y se retiran complacidos y sonrientes, pues saben que no todos los chicos de su edad conocen esas cosas.

Zanahoria

1) Raíces secundarias

2) Tubérculo

3) Tallo

4) Hojas

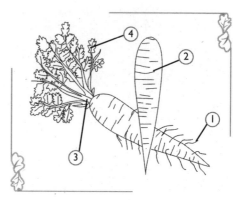

27

Alumna de Gloria Samperio con sus germinados.

Capítulo V

El sustrato para germinar

La siguiente reunión es en casa de Vicente, quien les ofrece agua de limón para amenizar la discusión. Algo peculiar les ha ocurrido: se han interesado por el tema y la lectura anterior los ha dejado intrigados. Pilar pregunta a Vicente:

—Si el sustrato sustituye a la tierra para sembrar, ¿cómo se utilizan los sustratos?

Vicente les explica a su muy peculiar y pausada manera:

—Amigos, el libro dice que los sustratos pueden ser de diferentes tamaños. Unos sirven para germinar la semilla y otros para sostenerla desde que crece hasta que muere. El libro dice que los sustratos para germinar deben ser pequeños, más o menos como del tamaño de un grano de arroz o incluso la mitad. El sustrato debe estar limpio de polvo y basura, y no debe contener semillas de plantas que no nos interesan. Tampoco debe tener filos cortantes, porque las raíces pueden lastimarse. Debe tener cierta porosidad a fin de guardar humedad suficiente para que la planta se hidrate mientras recibe un nuevo riego.

"Cuando la planta ha crecido puede cambiarse a un sustrato mayor que el que se utilizó para que la semilla naciera. Es importante saber que el sustrato nunca alimentará a la planta, sólo la sostendrá. Hagamos nuestros apuntes con esos datos."

Ahora los amigos elaboran su tercera lista, como sugirió Vicente. Todos han comprendido y escriben los mismos conceptos:

El sustrato para germinar debe ser:

- Pequeño
- Limpio
- Poroso
- Barato
- Húmedo
- Fácil de conseguir
- No muy pesado

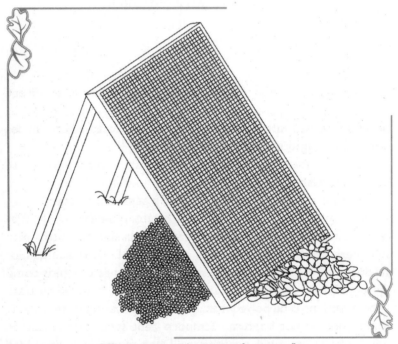

Criba para separar la grava según su tamaño

Capítulo VI

La semilla

A medida que el grupo comprende los nuevos conceptos, se entusiasma aún más. Todos desean participar en la lectura; el turno es de Vicente. El nuevo tema es sorprendente: se trata de las plantas. Vicente no tiene mucha experiencia con éstas pero, siempre con el ánimo de compartir sus esfuerzos y con la alegría de ayudar a sus amigos, inicia:

—La semilla.

El chico se queda un poco pensativo. Lolita aprovecha el silencio y le pregunta:

—¿De dónde vienen las semillas y cómo nacen las plantas?

—Les explicaré a mi modo lo que leí: muchas plantas nacen de una semilla, y ésa es la técnica que practicaremos primero. Existen otras formas de nacimiento de las plantas, pero ahora sólo hablaremos de la propagación por semilla. En principio, la semilla proviene de un fruto, como jitomate, chile, pepino, calabaza, melón, sandía, manzana o chícharo. Hay muchos tipos de semillas y todas son de diferentes colores y tamaños. La semilla es como un paquete pequeño que tiene en su interior un embrión, también llamado germen, y un almacén que contiene todo el alimento que ese embrión necesita para convertirse en una plántula. Al crecer produce los frutos que nosotros consumimos. De algunos vegetales nos comemos las raíces; por ejemplo, zanahoria, papa, camote, betabel y nabo. De otros vegetales sólo nos comemos las hojas; como lechuga, apio, perejil, cilantro, menta, acelga y espinaca.

"Otras semillas son de plantas que producen granos. Éstos también sirven para nuestro alimento, como el trigo, con el cual se hace el pan; el cacao para elaborar chocolate; la semilla de girasol con la que se produce aceite; la pulpa del coco, llamada copra, para hacer aceite comestible, para fabricar jabón y preparar dulces de coco; el maíz para hacer tortillas, tamales y las hojuelas que desayunas con leche; y la cebada, que sirve para la producción de la cerveza."

Vicente ríe pero, al ver las caras serias de sus compañeros, vuelve a la lectura:

—La semilla contiene muchas proteínas que están inactivas. Son la reserva alimenticia que da vida a la planta. Cuando la plántula crece sólo contiene un 10 a 20% de proteínas, pues el resto lo ha consumido en su desarrollo. La semilla y sus derivados son parte de la dieta humana, pues los cereales constituyen casi 60% del consumo mundial.

"Cuando la semilla está viva y latente, no se mueve ni cambia. Con el paso del tiempo se seca poco a poco y, después de 3 o 4 años, se seca tanto que ya no sirve y, ni modo, es necesario desecharla. Aunque la siembren, ya no nacerá planta alguna. Eso significa que la semilla ha dejado de ser reproductiva. ¡Miren! Aquí está el dibujo de una semilla con su explicación."

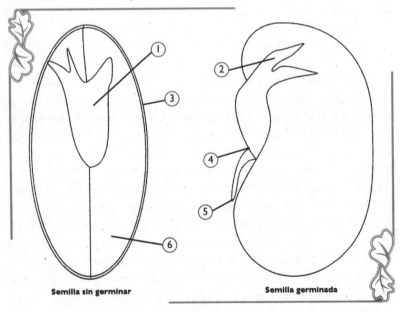

Semilla sin germinar   Semilla germinada

Semilla
1) Embrión, 2) Plúmula, 3) Tegumento o cascarita, 4) Hipocólito, 5) Radícula, 6) Albumen

Capítulo VII

La germinación

Vicente entrega el libro a Pilar y la invita a continuar. Pilar lee en voz baja, analiza el texto y después lo explica de acuerdo con su criterio:

—Cuando la semilla recibe agua por primera vez, absorbe toda la que puede. Después se hincha; es decir, aumenta su volumen durante todos los días que tiene lugar su germinación y también respira. Después de unos 5 o 6 días, se rompe la cascarilla que la cubre y que se llama tegumento. Dentro de esa cascarilla se encuentra el embrión. Más tarde, a la semilla le sale un tallo muy chiquito, llamado hipocótilo, y es el talluelo que une a la plúmula con la raíz. Ésta crece y siempre se desarrolla hacia abajo de la plúmula o yema. También de la semilla salen dos hojitas que se llaman cotiledones: son verdes y serán las primeras en brotar del sustrato. Después brotarán o-tras hojas más grandes, que se llaman hojas verdaderas. Así crecerá la planta y se alimentará del almacén alimenticio que se guarda en los cotiledones. Una vez que los cotiledones han alimentado a la planta, se secan y se caen. La planta crecerá hasta alcanzar su altura completa.

"Compañeros: ¿ahora ya ven por qué es necesaria el agua para germinar? Si el libro dice que la planta es casi pura agua, queda claro que siempre necesitará de ella para poder vivir, ¿o no? Ahora resulta fácil comprender que la germinación es el crecimiento de un germen o embrión que vivió en una semilla."

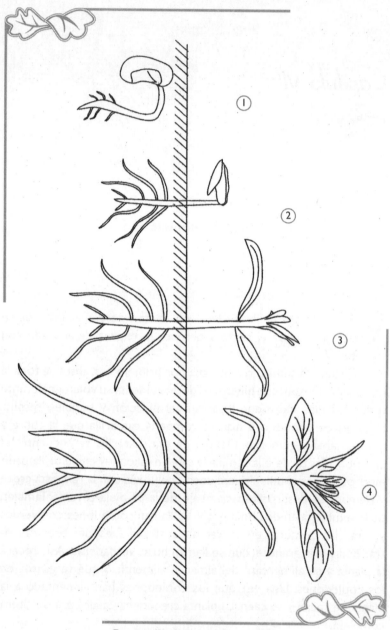

Desarrollo de la semilla en días
1) Tres días, 2) Cinco días, 3) Ocho días, 4) De doce a quince días

Capítulo VIII

Germinados o brotes para consumo humano

Es sábado por la tarde y Lolita platica a su papá sobre sus logros. Le muestra sus apuntes, lo entusiasma y convence de que le compre el libro. Ese mismo día, y después de una exhaustiva búsqueda, consiguen el libro *Hidroponia fácil*. Por la tarde, Lolita, muy contenta, toma un capítulo al azar y lo lee:

—El mayor valor nutritivo de una semilla es el brote, también llamado germinado. Alcanza su punto óptimo de nutrición entre los 4 y 6 días después de su nacimiento o germinación. Su aprovechamiento nutricional es mayor antes de que se desarrollen sus raíces. Los germinados son de sabor agradable, un tanto dulce, y su producción es económica.

"Los brotes son una rica fuente de vitamina A y B. Cuando se consumen crudos, también aportan vitamina C y proteína vegetal de fácil asimilación. Pueden consumirse en ensalada o en sopa; también fritos y en puré. Se les pueden agregar papas cocidas o adicionarlos a las pastas, carnes o mariscos. También se utilizan para elaborar galletas o pan.

"Existe gran variedad de semillas para germinar; por ejemplo, de alfalfa, girasol, rábano, soya, nabo, trigo, etcétera. Estas semillas se encuentran a la venta en supermercados, tiendas de autoservicio y naturistas, verdulerías y otro tipo de establecimientos similares. Algunos restaurantes ofrecen germinados como platillos especiales por ser muy nutritivos y saludables, además de contener poca cantidad de almidones y calorías. La producción de germinados o brotes es sencilla y muy económica.

"Pasos a seguir para obtener germinados o brotes comestibles:

1. Elegir y limpiar las semillas; es decir, eliminar basura, semillas rotas o diferentes. Para empezar, 50 gramos de cualquier semilla son suficientes.

2. Enjuagar las semillas con agua corriente por lo menos 2 veces. Se recomienda utilizar un colador para evitar que caigan.

3. Sumergir todas las semillas en un recipiente lleno de agua corriente durante 8 o 9 horas. El agua debe cubrir las semillas por completo.

4. Eliminar el agua y extender las semillas en un recipiente o charola de 3 a 5 centímetros de profundidad. El recipiente debe tener perforaciones en el fondo para eliminar el exceso de riego.

5. Cubrir el recipiente o charola con una manta y colocarla en un sitio oscuro, para evitar que las semillas se sequen.

6. Los riegos deben hacerse con un rociador y 2 o 3 veces al día, hasta mojar las semillas por completo.

7. Si se desean brotes color verde claro, debe evitarse exponer los germinados a la luz. Si se desean brotes color verde fuerte, después del tercer día pueden exponerse los germinados a la luz natural.

8. Nunca exponer los germinados al sol.

9. Consumir los germinados antes de que desarrollen raíces. Es importante tomar en cuenta que el color y sabor de los brotes cambiarán después de 7 días.

10. Es recomendable que la elaboración de los germinados se realice en espacios como la cocina, sala o el comedor.

"Este tipo de producción es útil para las personas que desean mejorar su nutrición y economizar en el gasto diario. También es recomendable para personas que no están en posibilidad de hacer grandes inversiones y desean poseer un negocio. La germinación tarda de 5 a 6 días. Una vez iniciado el ciclo de germinación diaria, se podrá contar con germinados todos los días."

Lolita no ha despegado los ojos del libro. Para ella, toda esa información es maravillosa, pues ahora puede ayudar a su familia a alimentarse de manera sana y económica. Ella podría enseñar a su mamá a elaborar germinados y hacerlos juntas. ¡Incluso planea comentarlo con sus amigos! Emocionada, analiza una y otra vez las ilustraciones.

Germinado para el consumo de la familia

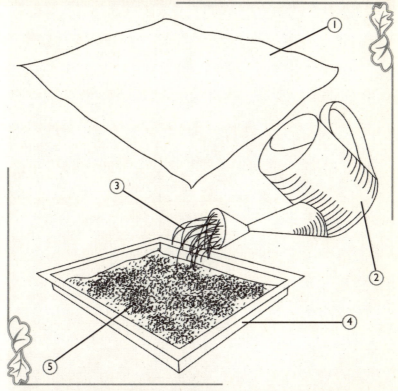

1) Pieza limpia de manta, plástico o papel estraza, 2) Regadera de cualquier material, 3) Agua corriente y limpia, 4) Charola de vidrio, barro o plástico con barrenas, 5) Semillas para germinar

Alumna de Gloria Samperio en un invernadero.

Capítulo IX

Componentes de la planta

Por la tarde, en casa de Pilar, Vicente espera al resto del grupo. Por fin llegan sus amigos, muy alegres y con ganas de descubrir datos nuevos en el libro, como cada semana. Cada uno toma su lugar y Vicente analiza el capítulo en turno, afina la voz e inicia la lectura:

—La planta siempre necesita agua para llenar su cuerpo, mantenerse erguida, procesar su alimento, crecer, desarrollar sus hojas y dar flores o frutos. Además, el agua le sirve para refrescarse y por esta razón es conveniente recordar que las plantas son 90% agua y 10% materia seca. Este último término se refiere a los residuos de una planta después de extraer toda el agua que contenía en su cuerpo. Al hacerlo, sólo quedará polvo, pero con alto contenido de minerales.

Pilar pregunta:

—Dime, Vicente, ¿entonces los vegetales son casi pura agua?

—Bueno, Pilar, el libro explica que, desde hace muchos años, algunos científicos han realizado investigaciones y han comprobado que así es. Por ejemplo: si dividimos el peso de la planta completa en 100 partes iguales, 90 partes son de agua y las 10 partes restantes son de materia seca; es decir, son los minerales que la planta consumió. Si juntas las 90 partes de agua con las 10 partes restantes, que son los minerales, entonces obtienes las 100 partes de su peso total.

El grupo ha sacado sus conclusiones y, después de hacer la cuenta de nuevo, aceptan la explicación:

90 partes de agua

10 partes de materia seca

Igual a 100 partes; o sea, el peso total de una planta.

Lolita considera que el tema es muy importante, así que toma el libro y lee con seguridad:

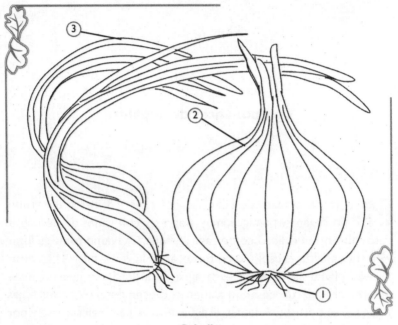

Cebolla
1) Raíces, 2) Bulbo, 3) Tallos

Capítulo X

Germinadores

Objetivos, desarrollo y culminación:

—El objetivo de utilizar germinadores para el brote de la planta o su germinación es:

1. Obtener el máximo y precoz nacimiento o rendimiento de las semillas.
2. Lograr mayor protección contra las plagas.
3. La adaptación de la semilla al medio donde se desarrollará.
4. Permitir la mecanización del transplante cuando éste se requiera.
5. Ahorrar espacio y agua al individualizar la planta.
6. La optimización del trabajo.
7. Seleccionar las plántulas más robustas y sanas para proceder al trasplante.
8. Facilitar el nacimiento óptimo de las semillas a cultivar.

Lolita hace una breve pausa y explica:

—Lo que leí quiere decir que, si germinamos cada semilla por separado en una charola con varios espacios para germinación o en pequeños germinadores, se trata de una germinación individual; de esta manera, las plantas nacerán más rápido y serán más parecidas entre sí; también nacerán más plantas; es decir, se morirán menos semillas. No gastaremos tanta agua porque el espacio donde nacen es pequeño. Así las protegeremos contra la sed, el frío y el calor. Además, las plántulas se acostumbrarán mejor al lugar donde serán transplantadas. En caso de contar con muchas semillas o cuando se trata una siembra comercial, puede utilizarse una máquina sembradora. Cuando son pocas, se siembran con la mano y de una en una.

"La germinación puede realizarse en recipientes llamados germinadores; pueden ser individuales, para depositar en ellos una sola semilla, o germinadores generales, en los cuales se depositan varias de forma simultánea, como se espolvorea la sal sobre la comida. Esta técnica también se conoce como siembra al boleo.

"Los germinadores individuales, o pequeños contenedores, deben tener una profundidad de entre 5 y 7 centímetros, y de 3 a 5 centímetros de ancho. Estos recipientes deben llenarse con el sustrato elegido. Todo tipo de germinadores debe contar con un drene o barreno en el fondo, que sirve para eliminar el exceso de agua.

Germinadores

1) Charola de plástico con varias cavidades para germinar, 2) Vasitos, 3) Bolsa grande para siembra directa, 4) Bolsas pequeñas para germinar, 5) Capelo o cubierta para protección de la germinación, 6) Cubos de lana de roca

Germinadores

"Otra forma de germinar es depositar las semillas en cubos húmedos de esponja o lana de roca. También se utilizan germinadores individuales con formas cónicas, redondas o cuadradas y que se elaboran con turba deshidratada que, al recibir humedad, es retenida y aumenta hasta tres veces su tamaño y son llamados *Jiffy Post*.

"Los cubos de lana de roca cuentan con las medidas adecuadas y están listos para sembrar. También cuentan con un agujero o barreno en el centro; por tanto, sólo es necesario mojar el cubito con agua corriente durante un buen rato hasta dejarlo empapado. Después se coloca la semilla en el centro de cada cubo y se cubre con plástico para evitar que seque. Debe agregarse agua hasta el cuarto o quinto día, cuando ya ha nacido la plántula. Existen charolas o germinadores que contienen muchos cubos de lana de roca, y charolas con rollos más delgados que se llaman tacos de lana de roca. El uso de todos los germinadores es el mismo."

Germinadores individuales

1) Cubo de lana de roca, 2) Germinado de varios cubos, 3) Bolsa de plástico que contiene cubo de lana de roca húmedo y sembrado

Los amigos se sorprenden ante la sencillez de la técnica de germinación y deciden que Vicente continúe con la lectura. Su voz no se hace esperar:

—*Germinadores generales:*

Para la siembra al boleo se utilizarán contenedores sin divisiones y de tamaños variados que no excedan de un metro de longitud y de ancho, aunque también es posible hacerlos de menor tamaño. La profundidad debe ser similar a los germinadores individuales. Los drenes o barrenos para este tipo de germinador deben colocarse a una distancia mínima de 3 centímetros entre uno y otro, siempre en el fondo del germinador.

Germinador general

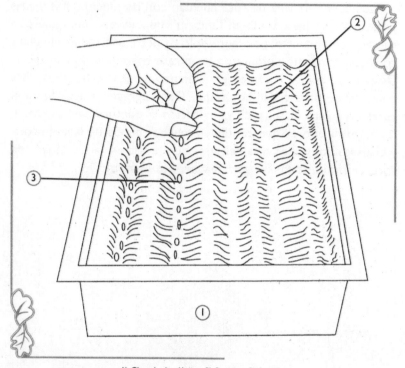

1) Charola de plástico, 2) Sustrato, 3) Semilla

Vicente interrumpe la lectura, se pone de pie y, una vez que ha ordenado sus ideas, explica:

—Se me ocurre que para sembrar, ya sea en germinador individual o general, podemos usar cosas más simples y baratas, como los vasitos para gelatinas o los de unicel. También podemos emplear las charolas que tenemos en casa para ensaladas o en donde nos servimos comida rápida. También hay bolsas pequeñas, botecitos, macetitas de plástico o envases reciclados de refresco. Los llenamos con un sustrato mojado. Propongo recolectar recipientes para germinar y un poco de sustrato, del que sea más barato y fácil de conseguir para ustedes. Yo iré a buscar algún sustrato a una tienda que venda materiales para construcción o jardinería. Seguro que algo habrá o me indicarán dónde puedo encontrarlo. Bueno, amigos, nos veremos el lunes y haremos una prueba.

Germinadores.

Alumna de Gloria Samperio en su invernadero.

Capítulo XI

Primera prueba hidropónica

Cada día, el grupo se encuentra más interesado en el cultivo sin tierra. Ya organizados, realizarán su primera prueba de germinación en hidroponia.

El grupo llega a casa de Pilar; cada integrante trae su propio material de siembra. Pedro cuenta con 6 vasitos de plástico del número 0, que su mamá utilizó para hacer gelatina. También trae una bolsita con gravilla, que es grava fina o pequeñas piedras. Pilar dispone de 3 vasos chicos de unicel y un poco de tepojal que compró en un almacén en donde se venden materiales para construcción. Lolita cuenta con una charola de varias cavidades, una bolsa de perlita y mucho entusiasmo. Vicente trae unas bolsas pequeñas de plástico negro con 2 pequeños orificios en el fondo y 6 en los lados. Las bolsas miden 5 por 7 centímetros. También trae arena gruesa como sustrato, misma que su papá obtuvo después de cribar arena para construcción. Construyó la criba con una bolsa de rafia, que es como las que se utilizan para hacer las compras en el mercado.

Los chicos están nerviosos. Piensan que, si el proyecto falla, serán el hazmerreír de sus compañeros. Por fin llega el momento de la práctica y todos colocan sus materiales sobre una mesa amplia y limpia. También disponen de una cubeta casi llena de agua. Pilar decide comenzar la práctica y les dice:

—Sugiero que hagan lo mismo que yo pero, si no están de acuerdo, entonces que cada uno lo haga como prefiera.

Todos siguen los movimientos de Pilar y enjuagan los sustratos para evitar que contengan algún elemento contaminante. Al terminar, llenan sus germinadores con el sustrato mojado.

—¿Ahora qué sigue? —pregunta Pedro. Pilar responde:

—Yo enterraré mi semilla en el sustrato, a una profundidad aproximada de 2 o 3 veces el tamaño de la semilla. El libro dice que debemos colocar la semilla dentro del sustrato, a una profundidad que depende del tamaño de la semilla. Si es chiquita, a medio centímetro, que es como la mitad del ancho de mi dedo. Si la semilla es mediana, esa profundidad es correcta también. Si es grande, debe tener un centímetro de profundidad. Después se debe compactar un poco el sustrato. Supongo que esto significa que lo aplanemos por encima.

Hace una pausa para observar a sus amigos y continúa la lectura:

—Cubrir el germinador con una manta o lienzo de cartón o plástico negro, para mantenerlo en la oscuridad durante 2 o 3 días. Así evitamos que el sustrato pierda humedad, además de que la semilla puede conservar su propio calor. Desde el primer día debe aplicarse al germinador un riego con agua corriente por la mañana y otro por la tarde, hasta que el sustrato quede bien mojado. Nunca tendrá exceso de agua, pues la sobrante saldrá por el drene del germinador. En caso de que haga mucho calor, puede aplicarse un riego adicional.

"Para no desperdiciar el agua es recomendable colocar una charola bajo el germinado. La charola recolectora de agua no debe tener orificios, y esa misma agua recuperada servirá para los riegos. De esta manera, el agua se recicla todas las veces que sean necesarias."

Pilar interrumpe la lectura y comenta:

—Bueno, ya todos hicimos la prueba de la germinación con las semillas de calabaza que mi mamá nos regaló. Pero todas son iguales y, si nacen, sólo tendremos una clase de planta. Creo que sería mejor que cada uno hiciera su prueba con semillas de diferentes plantas. Aquí en el libro aparecen varios nombres de semillas y podemos escoger algunas. Por ejemplo: Pedro, tú puedes conseguir semillas de lechuga; Vicente, de rábano; Lolita, de chícharo; yo, de jitomate y de girasol, y que cada uno las siembre. Dime, Vicente, ¿qué te pasa?

Alumnos de Gloria Samperio con la producción.

Capítulo XII

Dónde conseguir las semillas

—Pilar, ¿dónde consigo las semillas?

—Podemos comprar las semillas en supermercados o tiendas de autoservicio. Ahí venden sobres chiquitos y son baratos. También en las tiendas donde se compran los vegetales o en los almacenes donde se venden artículos para jardinería. Casi siempre los sobres contienen 50 o 100 semillas, ya lo investigué. Puedes intentar comprarlas por Internet; algunas páginas las anuncian y las venden, o pedir muestras en los negocios especializados. Las muestras no te cuestan. Otra opción son los puestos en donde se venden plantas medicinales. Haremos el trabajo con semillas distintas, como lo leímos, y dentro de una semana nos veremos aquí para que me cuenten si la germinación tuvo éxito.

La decisión es difícil para el grupo. Todos comentan: ¿cuántas semillas será conveniente sembrar? ¿Dónde colocarán sus germinados? ¿Recibirán ayuda? ¿Se equivocarán o tendrán éxito? Al final, los amigos deciden resolver los problemas sobre la marcha.

Cada uno, por su cuenta, hace una segunda germinación según las indicaciones del libro. Como en ocasiones anteriores, anotan paso a paso lo realizado, además de la fecha de la siembra y el nombre de semilla. También colocan un letrerito a cada germinador con los mismos datos y agregan su nombre.

Semillas para diferentes cultivos

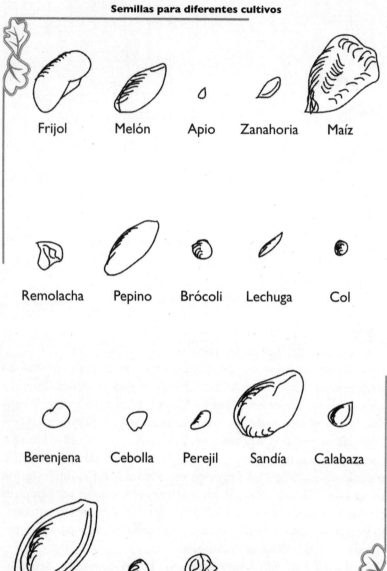

Frijol   Melón   Apio   Zanahoria   Maíz

Remolacha   Pepino   Brócoli   Lechuga   Col

Berenjena   Cebolla   Perejil   Sandía   Calabaza

Rábano   Espinaca   Tomate

Capítulo XIII

Nace la siembra

Han transcurrido los primeros días desde su segunda siembra en germinador individual. Todos han cumplido las instrucciones del libro y han regado sus germinadores con agua corriente por la mañana y por la tarde. Se sienten entusiasmados y alegres. Su regocijo llega al máximo cuando ven brotar las primeras hojitas de sus plantas sobre el sustrato. También recibieron las felicitaciones de sus familiares, quienes apenas creen que puedan nacer plantitas entre las piedras y en un espacio tan pequeño. Las plantas de Lolita también han brotado, pero su papá piensa:

"En mi escuela también germiné frijolitos en algodón cuando fui niño, pero todos terminaron en la basura. Esta técnica parece diferente. ¿Qué pasará después con esas plantitas que ahora han brotado? ¡Me gustaría saberlo!"

El grupo llega a casa de Pedro más temprano de lo acordado. Además de sus libretas, llevan con gran cuidado unas pequeñas plantas que apenas sobresalen del sustrato y las lucen como si fueran valiosos trofeos. ¡Ellos ya han sido capaces de ayudar a generar vida en el planeta! Ahora son privilegiados, pues entre tantos millones de personas en el mundo, sólo el pequeño grupo de amigos lo ha logrado. ¿Cuánta gente sabrá lo que ellos saben? Antes, el tema era sólo para adultos y científicos. ¡Ahora, los cuatro amigos han cultivado sin tierra!

Pedro abre el zaguán y entran sus sonrientes amigos. Antes de hablar, ponen sus pequeñas plantas casi en la cara de Pedro. El chico no se sorprende, les hace una señal para que lo sigan y les muestra un rincón de su patio. ¡Oh, sorpresa! ¡Casi 100 plantas germinadas! Ahora, los sorprendidos son ellos con la siembra de su anfitrión, quien les dice:

—Yo sí tomé en serio la lectura del libro de Vicente, y tengo planes para el futuro. Como pueden ver, mis plantas están en excelente estado. Amigos: siempre pregunten, no se queden con la duda y pongan mucha atención a la respuesta. Cuando sembré me pareció todo muy fácil; fíjense: piedras limpias, vasitos y semillas. Fue muy sencillo hacer este trabajo sentado en la sala, mientras veía la tele.

Lolita utilizó perlita como sustrato, pero sólo sembró 6 semillas en 6 macetitas. Lo hizo con mucha atención, aunque sólo nacieron 5 plantas en sus pequeñas macetas, mismas que sostiene con todo cuidado.

Pilar trae una charola de fondo plano con 12 vasitos de unicel que contienen plantas muy pequeñitas, pero verdes y robustas. Vicente sólo compró diez bolsitas negras de plástico para invernadero y las muestra con satisfacción. Obtuvo 8 plantitas de jitomate, fuertes y de buen color, pero 2 de ellas no nacieron.

Todos están satisfechos y se muestran entre sí sus respectivas plantas. También se felicitan unos a otros por el trabajo realizado. El grupo intercambia opiniones y compara las diferencias en tamaño, color y apariencia. Después deciden que, al finalizar las 2 semanas de vacaciones, la siguiente reunión tendrá lugar en casa de Lolita y se despiden. Se ha hecho tarde y Vicente sale de prisa con sus plántulas en las manos y el libro bajo el brazo.

Vicente permanece en casa y ayuda a ordenar los archivos en la oficina de su papá. También cuida sus plantas, a las que sólo riega con agua corriente.

Pedro obtuvo el permiso de sus padres para visitar Querétaro durante tres días en compañía de Raúl, su hermano mayor. El interés de Pedro por ir a Querétaro es platicar en persona con Laura, una amiguita que conoció por Internet. A su llegada a Querétaro, Pedro y Raúl visitan a Laura y ella los recibe con agrado, los presenta a sus padres y, con su aprobación, acompaña a los hermanos a un recorrido por la ciudad. Después de caminar un par de horas, deciden entrar a la nevería, donde saborean una nieve de fresa.

Laura les comenta que su familia es numerosa y de origen campesino. Orgullosa explica que su tío trabaja en un gran invernadero muy moderno y sofisticado, pues es hidropónico; se trata de una instalación muy grande, que mide casi 14 hectáreas o 140 mil metros cuadrados. Ese invernadero recibe gran variedad de visitantes. Reporteros de una televisora y de varios medios de comunicación han entrevistado al dueño porque en su invernadero se aplica una técnica científica para cultivar.

Pedro apenas puede creer lo que escucha. ¿Hidroponia científica? Intrigado, pregunta a su amiga:

—¿Hidroponia? Laura, ¿dijiste hidroponia? Porque yo sé hacer hidroponia y hasta he hecho germinados con esa técnica. ¿Crees que podamos visitar el invernadero ahora mismo?

—No, Pedro, en este momento no es posible. El invernadero es privado y tiene su horario de labores.

—Mira, Laura, yo empecé un proyecto de ciencias con prácticas de hidroponia y ya tengo mis plantas nacidas sin tierra. Mi mamá las cuidará hasta que yo llegue. Si pudiera ver ese invernadero, sería el más feliz de los mortales. Claro que también estoy muy contento por conocerte, Laura, pero es muy importante para mí conocer un invernadero hidropónico.

Terminan su nieve y Laura les promete hablar con su tío y conseguir la autorización para la visita, aunque les advierte que, por orden del dueño, no se permite el empleo de cámaras de video ni fotográficas. Los chicos se muestran muy atentos a la explicación, se despiden y acuerdan volver al día siguiente.

Por la mañana, los hermanos llegan a casa de Laura con una caja de chocolates para la familia. Laura, alborozada, les comenta que su tío consiguió el permiso para la visita al invernadero hidropónico esa misma mañana.

Llega el maravilloso momento: Laura y sus amigos están a las puertas del invernadero hidropónico. Don Javier los recibe, los saluda con amabilidad y los hace pasar. Ya en el interior les entrega una cofia, cubrebotas, guantes y bata, y les comenta que ésa es la vestimenta que siempre debe utilizarse en el invernadero durante las horas de trabajo.

Al entrar a la nave de producción, los chicos no pueden articular palabra: todo está pintado de blanco y está muy limpio. Enormes plantas salen de los contenedores, con grandiosos racimos de jitomate bola de gran tamaño, de color rojo intenso que contrasta con el verdor de las hojas y los tallos. El espectáculo es increíble. ¡Toda una enorme producción, y lograda sin tierra! Los amigos recorren el lugar y Pedro fija en su mente todos los detalles, mientras piensa: "Cuando yo crezca, tendré un sitio igual a éste. Me lo prometo". Terminado el recorrido, salen y agradecen a don Javier. Los chicos llevan en su mente la imagen de tantos y tan bellos vegetales. Pedro deduce que aquella instalación vale una fortuna y piensa que, si trabaja mucho, él no necesitará salir de su país para llegar a ser un hombre rico, muy rico.

Su amiga los acompaña a la estación de autobuses y Pedro le agradece su gran ayuda con un beso en la mejilla. Sabe que su visita fue muy provechosa.

Las vacaciones de Pilar

Pilar y su mamá van a Disneylandia por dos semanas. Llegan a su destino y, junto con el grupo de turistas, inician el recorrido por los parques de diversiones. Pilar se asombra con los juegos mecánicos grandes, sofisticados y divertidos, además del desfile de personajes de historietas y los fuegos artificiales. Todo es provechoso para ella y cada día conoce un parque diferente.

Su última visita es al parque de Epcot Center, único por la exhibición de avances tecnológicos. Ahí sube a un bote que hace un recorrido por la Tierra del Futuro. A Pilar le sorprenden los descubrimientos actuales y los proyectos para el porvenir. De pronto, le da un vuelco el corazón. ¿Escuchó bien? ¿Dijeron hidroponia? ¿Esos cultivos tan bellos que ahora los visitantes fotografían y ante los cuales se asombran por ser tan novedosos y dignos de recibir visitantes de todas partes del mundo son hidropónicos? ¿Están cultivados sin tierra? Es entonces cuando recuerda a sus pequeñas plantas y se promete continuar con el proyecto.

Las vacaciones de Lolita

Lolita y su familia viajan a Europa. Su punto de llegada es Frankfurt para visitar a Dieter, un amigo de la familia. Sin embargo, al segundo día de estancia en Alemania, Lolita se queja por las largas entrevistas entre sus padres y Dieter. Su papá la escucha con calma y le comenta:

—Lolita, dime, ¿qué pensarías si supieras que otras personas antes que tú, y ya desde hace varios años, hicieron una instalación hidropónica? Ahora sus instalaciones son tan grandes que envían a Japón casi 5 millones de plantas por año, como me explica mi amigo Dieter. Él dice que se manejan grandes capitales en la hidroponia. Además, Dieter nos ha coordinado una entrevista con el doctor Fritz, destacado hidroponista de este país.

Lolita, entre alegre y asombrada, pregunta:

—¿De verdad, papá? Recuerdo el libro que me compraste sobre ese tema.

—Así es, Lolita, el librero me comentó que la hidroponia, o

cultivo sin tierra, es una ciencia muy nueva, y que en nuestro país existe muy poca información al respecto. En otros países, como Estados Unidos, Italia, Francia, España, Holanda y Canadá, hace más de 50 años que practican la siembra hidropónica; por tanto, están más tecnificados en esa clase de cultivos que nosotros.

"Después de saberlo, lo comenté con mi amigo Dieter y él consiguió mucha información sobre hidroponia. De hecho, te traje aquí para que puedas hacer tu proyecto con datos reales. Así que hoy por la tarde saldremos hacia Dresde."

Después de un par de días de visitar Dresde, Lolita, sus padres y el doctor Fritz emprenden el viaje a Pillnitz, donde divisan a lo lejos grandes invernaderos y varios camiones que son cargados con vegetales empacados en cajas de cartón.

Se estacionan junto a la nave de empaque y les sorprende notar que toda el área es muy limpia y que los empleados que manejan las cajas visten batas blancas, guantes de hule y cofias con las que se cubren la cabeza.

Lolita, intrigada, pregunta por qué tanto cuidado para empacar los frutos. Fritz explica que, al empacar los vegetales, las uñas de los dedos podrían provocar pequeñas heridas a los frutos y, a través de ellas, podrían entrar bacterias, hongos o contaminación al vegetal. Además, al lastimar los frutos, se pudren más rápido y pierden calidad. Fritz consulta su reloj y les comenta que se ha hecho tarde, así que el grupo se dirige a la instalación más próxima.

Un sonriente empleado del invernadero los recibe en la puerta y los invita a limpiar las suelas de sus zapatos en un tapete humedecido con desinfectante. Después, les entrega batas y guantes y los hace pasar al invernadero. Una vez dentro, el espectáculo es impresionante. Todos observan asombrados el piso de concreto pulido; los muros y techos son de vidrio, aprovisionados con ventilas cenitales; es decir, ventanas en el techo. Todo es limpio, impecable, luminoso y funcional, con pasillos pintados de blanco. Al lado de los pasillos se encuentran las plantas, colocadas dentro de unos relucientes contenedores de acero inoxidable.

El clima es controlado por medio de extractores de aire y paredes de humidificación. El cultivo es de pepinos y las plantas son tan altas que Lolita tiene que hacer la cabeza hacia atrás para intentar ver las puntas. Son plantas uniformes de color verde intenso, hojas muy desarrolladas y pepinos de tamaño extraordinario, tersos y sin imperfecciones. Los trabajadores utilizan guantes para cosecharlos con sumo cuidado y los colocan en cajas especiales de plástico, que estiban sobre carritos eléctricos para llevarlas al área de empaque.

En esta área, cada pepino recibe una calcomanía con los datos agronómicos y el logotipo de la empresa. Después, los grandes pepinos son empacados en cajas de cartón con peso máximo de 5 kilos. Las cajas también llevan impresos los datos de la compañía. Se trata de una próspera y novedosa empresa.

Antes de abandonar el invernadero, los visitantes agradecen al dueño y a los empleados las amplias explicaciones sobre las técnicas hidropónicas.

El doctor Fritz les informa que un señor llamado Ko, quien es doctor en agricultura, será quien los guíe en Holanda, país que cuenta con más de 8 mil hectáreas de invernaderos hidropónicos.

Un par de días después de su llegada al país de los tulipanes, el doctor Ko se presenta ante Lolita y sus padres y les muestra un mapa con los sitios señalados donde se encuentran los invernaderos. Para su asombro, les pregunta cuál de ellos elegirán para la visita, pues los hay que cultivan flores, tomates, fresas, pepinos, plantas tropicales y de ornato, entre otros. La familia decide visitar el de flores y así se lo hace saber a Ko, quien hace una llamada telefónica y luego esboza una sonrisa con la que indica que todo está listo para la visita.

Salen del hotel en el automóvil de Ko y, tras recorrer algunos kilómetros, llegan a un invernadero hidropónico en donde se producen los inconfundibles tulipanes holandeses que han hecho tan famoso a aquel país. En el campo es imposible producir tulipanes durante el invierno a causa de las fuertes nevadas, pero el invernadero es productivo todo el año y sus dueños tienen contratos constantes para enviar tulipanes a otros países.

Los visitantes observan que el invernadero es un modelo de la más alta tecnología agrícola. Su estructura es de aluminio y sus cubiertas son de cristal; las puertas son automáticas y a un costado del invernadero se encuentran alineadas las oficinas, las cuales también son de cristal, además de los cuneros para las plantas y su área de carga y descarga. Lolita piensa que esa instalación es mucho más grande que su escuela. Por su parte, don Sergio comenta a su esposa que el invernadero luce como una gran industria, limpia y sin contaminación.

El dueño del invernadero recibe con calidez a los visitantes y les ofrece un café en un salón amueblado con cómodos sillones, con clima fresco y agradable y paredes adornadas por grandes fotos de flores de diversas clases y colores. Ahí reciben una clara explicación sobre el funcionamiento y producción del invernadero. Después, el dueño los conduce a las naves de cultivo. Lolita no puede creer lo que ve: los tulipanes son tantos, de tal calidad y de colores tan preciosos que cree encontrarse ante la bella imagen de una película. Sus papás le avisan que pasarán a otra nave de cultivo de flores y, al llegar, su asombro es aún mayor: ahora se trata de flores cuyo nombre es gerberas, sembradas en contenedores movibles. "¿Cómo es eso?", se pregunta. ¡Los contenedores circulan, se mueven! Lolita escucha a sus padres decir que esos contenedores son de acero inoxidable y que todo el funcionamiento del invernadero está robotizado. El techo es retráctil, pues se abre de manera automática cuando el clima es benigno y el cultivo queda a cielo abierto. Si el clima es demasiado frío o caliente, el techo se cierra.

Las gerberas son hermosísimas y de colores radiantes y variados. También hay despampanantes y extrañas orquídeas. Lolita se acerca a uno de los muros intermedios del invernadero, que también son de cristal, y contempla unas flores parecidas a los crisantemos, pero modificadas. Son flores nuevas, de colores que ella nunca había visto. Para Lolita, esta experiencia es como seguir a Alicia al País de las Maravillas. Su alegría aumenta al encontrar unas flores conocidas por ella, ¡las rosas!

—¡Mira, mira, mamá! ¡Rosas rojas, lilas, amarillas, blancas, anaranjadas, púrpuras! ¡Sus pétalos son muy grandes! ¡Sus colores son variados y luminosos! ¡Guau! —grita Lolita, emocionada.

Lolita quisiera quedarse a vivir ahí entre las rosas, que son sus flores favoritas. Por supuesto, al ver el entusiasmo de Lolita, el dueño del invernadero les obsequia un ramo enorme de flores como despedida.

A su llegada a España, Lolita y sus padres visitan Toledo, Granada, Murcia y la Alhambra. De acuerdo con el programa elaborado por Dieter, en Almería los recibe Miguel, doctor en Agricultura, quien los llevará a conocer la más grande instalación agronómica del mundo. Situada en la zona sur de España, la región de Almería, Mazarrone y el Ejido cuenta con 35 mil hectáreas de invernaderos de diferentes tipos, la mayoría de los cuales ha optado por el cultivo hidropónico.

Tras dos días de recorrer los lugares típicos, Miguel les propone visitar un gran invernadero que produce calabaza, o calabacín, a gran escala; otro dedicado al cultivo de fresas y, por último, uno más en donde se desarrolla el cultivo de tomate, o jitomate, a través de injertos.

Para su sorpresa, en un paisaje rocoso, seco, árido y caluroso encuentran una instalación hidropónica que abarca varias hectáreas. Continúan hasta llegar al mirador, desde donde contemplan lo que parece un mar de plástico formado por un inmenso número de invernaderos. Algunos de ellos están situados en la parte baja del paisaje, junto al mar; otros se localizan sobre las rocas. ¡Todos están en producción! El doctor Miguel les comenta que, desde hace algunos años y a través de los cultivos hidropónicos, o enarenados, España ha comenzado a convertirse en el granero de Europa.

Después de un corto viaje llegan al Ejido, donde ven hectáreas y más hectáreas de invernaderos de tomate. En su interior observan grandes empacadoras que utilizan sistemas automatizados de lavado, secado y selección de tomates según su tamaño y madurez. Las cajas de tomates se colocan sobre las bandas transportadoras que recorren la distancia comprendida desde el punto de carga hasta el camión. Varias bandas trabajan de manera simultánea llenando los grandes camiones con una capacidad de hasta 20 toneladas. Algunos de esos vehículos cuentan con un remolque adicional para otra cantidad igual de carga, que transportan hasta los centros de distribución.

Más tarde visitan un invernadero en donde se produce fresa hidropónica, que tiene una gran demanda en ese país. Los invernaderos cubren las casi 500 hectáreas dedicadas de manera exclusiva al cultivo de la fresa. El delicioso olor, la extraordinaria cantidad y el esplendor de las fresas abstraen a Lolita de la realidad.

Los visitantes cruzan las grandes instalaciones hasta llegar al sitio de empaque. En ese lugar se encuentra un almacén donde las fresas son seleccionadas y pesadas de manera electrónica, para después ser colocadas en llamativas cajitas que se depositan en una banda transportadora. Lolita observa el proceso con interés cuando un sonriente empleado le entrega una de esas cajitas. Sorprendida, la chica le da las gracias y de inmediato come las fresas.

Por último, Lolita, sus padres y Miguel visitan una nave de cultivo para la producción hidropónica de jitomate o tomate llamado *cherry*, o también "jitomate uva" por su diminuto tamaño y calidad. Esta instalación es muy grande y de una tecnificación impresionante. Entre línea y línea de plantas, que están suspendidas en lo alto por un *tutor*, circula un carrito eléctrico que recolecta los tomates con sumo cuidado. A Lolita le explicaron que el *tutor* es un soporte aéreo que se utiliza para evitar que la planta se caiga o se troce por el peso de los frutos.

Lolita, al ver aquellos tomates tan pequeños, se siente como un gigante en un país de enanos. Más tarde pasan a la empacadora de jitomate *cherry*, que a Lolita le parece una empacadora de dulces, por los tamaños y colores. Los tomatitos amarillos le recuerdan a las naranjitas japonesas, de color rojo claro, y los de color rojo intenso se asemejan a las uvas de California. Los ojos de Lolita brillan al ver tal cantidad de tomatitos, además del cuidado y pulcritud con que son tratados. De pronto, la voz de su mamá la hace volverse y la chica descubre que sus papás y Miguel llevan cajitas de fresas y jitomates. Lolita corre hacia ellos, abre una caja de tomatitos rojos, los prueba, se deleita por el dulzor del vegetal y declara en voz alta:

—Este sabor es delicioso. A partir de ahora, siempre comeré fresas y jitomates hidropónicos.

Capítulo XIV

Las necesidades de las plantas

Después de las vacaciones, los amigos llegan puntuales y alegres a la cita. Están de acuerdo en que Lolita inicie la lectura:

—Para su desarrollo óptimo, las plantas requieren de:

- Agua
- Aire
- Sol

- Nutrientes
- Dióxido de carbono
  (que está presente en el aire)
- Protección contra las plagas

Lolita pasa al siguiente capítulo y continúa con la lectura:

—Requerimientos para la siembra:

1. Sustrato
2. Germinadores o contenedores
3. Aire
4. Minerales
5. Agua o solución nutritiva
6. Riegos (cuando se siembra en sustratos)
7. Sol directo, por lo menos de 6 a 8 horas diarias
8. Temperatura adecuada
9. Protección contra plagas y enfermedades

Lolita se detiene un momento y aclara:

—Antes de las vacaciones leímos todo lo escrito acerca de los sustratos y germinadores. Ahora leeré el punto tres, que se refiere al aire y por qué lo necesitan:

"Aire: el aire que respiramos, y que también sirve a las plantas, está compuesto por 78% de nitrógeno, 21% de oxígeno, 0.9% de argón y 0.03% de un gas llamado dióxido de carbono. Este gas es muy importante para la planta; su abreviatura es CO_2. Con ese gas, las plantas fabrican su azúcar y también les sirve para nutrirse, junto con los minerales y el agua."

En silencio, Lolita lee algunas líneas y después comenta:

—Los minerales, también llamados nutrientes, una vez mezclados con agua, se conocen como solución nutritiva.

Después de tomar un respiro, Lolita continúa la lectura:

—Riegos: la solución nutritiva se distribuyen en todo el sustrato para regar a la planta, según el tipo y el tamaño del sustrato. Cuando la solución nutritiva se adhiere a las partículas del sustrato, la planta puede disponer de ella. Cuando la solución nutritiva es retirada del sustrato, quedan espacios entre una partícula y otra que se llenan con aire. Esto permite respirar a la raíz de la planta. La combinación de solución nutritiva y aire es la forma óptima de riego para la planta. Es conveniente retirar la solución nutritiva después de un lapso aproximado de 30 minutos; de lo contrario, si todos los espacios se encuentran llenos de solución nutritiva, no hay oxigenación suficiente para la planta. Entonces, la raíz se torna café y, después de un tiempo, muere.

"Hay varias formas para regar las plantas. Entre los riegos más usuales se encuentra el riego por aspersión, que consiste en aplicar la solución nutritiva sobre el sustrato en forma de lluvia, hasta humedecer el sustrato por completo. Si se desea reciclar la solución nutritiva, se puede colocar un recipiente en la salida o drenaje. Este recolectará la solución que escurra por gravedad."

Riego por aspersión

1) Riego por aspersión, 2) Caja de madera forrada con plástico,
3) Soportes para colocar una cubierta de cualquier material cuando
llueve, o cuando la temperatura es demasiado fría o caliente.

Lolita lee despacio, después cierra el libro y les explica:

—Debemos cubrir la solución recolectada para evitar su degradación. Puede utilizarse en el siguiente riego.

"El riego por inundación consiste en llenar el contendor hasta el nivel del sustrato; por ejemplo, cuando se trata de grava, arena gruesa, tezontle, roca volcánica, ladrillo triturado, etcétera. La solución nutritiva debe permanecer en el contenedor hasta media hora y luego se retira para emplearla en el próximo riego.

"Cuando se trata un sustrato como perlita, vermiculita, agrolita o lana de roca no es recomendable usar el riego por inundación, porque estos sustratos retienen mayor cantidad de agua. Si no se cuenta con un buen drenaje en el contenedor, las plantas se enferman por exceso de humedad.

"Los riegos con solución nutritiva deben hacerse de lunes a

Riego por inundación

1) Sustrato inundado, 2) Cubeta con solución nutritiva, 3) Banco para dar altura a la cubeta,
4) Contenedores, 5) Manguera para conducir el agua, 6) Sustrato sin inundar, 7) Cubeta,
8)Solución nutritiva recolectada en la cubeta

sábado. El domingo se debe regar sólo con agua natural. Así evitamos la acumulación excesiva de sales en el sustrato.

"La luz solar es muy importante para las plantas porque con ella realizan su fotosíntesis. Las plantas reciben los rayos de energía que provienen del sol, los atrapan en sus hojas y los utilizan para todas sus funciones químicas, como alimentación, crecimiento y producción."

Lolita lee acerca de la temperatura y la explica a su manera:

—El libro dice que la temperatura que necesitan las plantas debe ser adecuada. No debe ser muy caliente; es decir, de más de 25 a 30 °C (25 °C a 35 °C). Tampoco debe ser demasiado fría; es decir, de menos de 10 a 11 grados centígrados (10 °C a 11 °C). Siempre debemos proteger nuestras plantas de las temperaturas excesivas. Ahora que le siga Pedro.

—Quiero explicarles que ningún ser humano o animal puede producir su propia azúcar o su alimento. Por eso necesitamos consumir azúcares o miel y también necesitamos comer.

"De los alimentos obtenemos la energía que utilizamos para estudiar, correr, dormir, jugar y realizar otras actividades. Sin embargo, las plantas sí pueden producir su propio alimento con la ayuda del agua, los minerales, el sol y el dióxido de carbono. ¡Qué tal, compañeros! ¡Órale, Vicente! Te toca leer sobre los contenedores.

Gloria Samperio con la producción.

Capítulo XV

Contenedores

—Son los recipientes en donde se colocan el sustrato, la planta y el agua mezclada con los nutrientes. Deben cumplir los siguientes requisitos:

1. Ser inertes; es decir, que sean de plástico o estén forrados con algún material inerte. *Inerte* significa que no produce reacción alguna con los nutrientes.

2. Tener un desnivel: si tienen hasta 6 metros de largo, éste deberá ser de 1% de su longitud. Si su medida es mayor, el desnivel deberá ser al menos de medio centímetro.

3. Ser de tamaño suficiente para contener al sustrato, raíces y solución nutritiva.

4. Deben ser opacos para evitar que la luz penetre a las raíces.

5. Contar con drenaje, que consiste en hacer un barreno u orificio en el fondo para permitir la salida del excedente de agua.

6. Ser económicos, durables y resistentes. Además, deben contar con soportes o patas a una altura que permita colocar debajo un recipiente. Su manejo debe ser cómodo.

"Los contenedores pueden construirse con madera, cartón, cemento, plástico, acrílico, etcétera. Por ejemplo, cajas de madera cubiertas de plástico; botes en desuso; cubetas de plástico, ya sean nuevas o recicladas; envases de *tetrapack* o de leche, helados, mantequilla o crema; botes de pintura limpios; envases desechables de refresco, después de cortarles la parte de arriba, etcétera.

Material reciclado

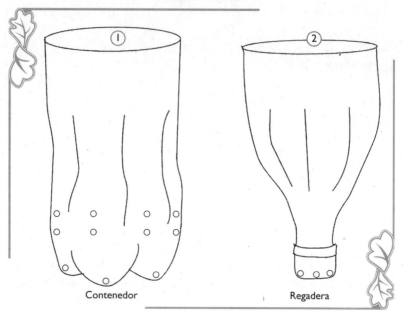

Contenedor | Regadera

1) Envase cortado que puede ser usado como un contenedor, con barrenos en su base y en los laterales.
2) Parte superior con barrenos en la tapa, que puede ser usado como regadera

"También sirven las cajas recicladas de unicel o cajones de madera en donde se transporta la fruta; envases para comida rápida; bolsas o charolas de plástico que tengan la profundidad que requiere el tipo de planta, llantas gastadas, etcétera."

Vicente guarda silencio por un momento pues aún no está listo para ofrecer una explicación más entendible. Repasa en su mente lo leído, lo estructura y les dice:

—No se compliquen, compañeros. No se esfuercen tanto por pensar. Los contenedores son como cajones de madera o plástico, cortos o largos, según los necesiten. Que sean opacos significa que no se transparenten y que la luz no pase al interior de ellos para que no moleste a las raíces de las plantas. El desnivel en el contenedor consiste en tener una parte más alta que otra.

Vicente llega a su casa y de inmediato hace un diagrama de su contenedor con las siguientes medidas:

2.5 metros de largo, 30 centímetros de ancho y 35 centímetros de profundidad.

Después busca entre la madera que su papá considera como desecho y encuentra tres tablas maltrechas de 2.5 metros de largo por 30 centímetros de ancho. Encuentra dos tramos más de 35 centímetros de longitud por 35 centímetros de ancho, algunos clavos y un martillo.

Vicente suspira con alivio pues sabe que con esas tablas fabricará su contenedor y después buscará el plástico para recubrir la madera. La ventaja es que cuenta con alguna experiencia en carpintería.

Ya elaborado el contenedor, el chico prueba el desnivel y queda satisfecho con el resultado.

Con base en su diagrama, Vicente clavó pieza por pieza hasta formar un cajón largo. Creyó que había terminado, pero pronto se dio cuenta de que le había faltado hacer el orificio para la salida de la solución nutritiva y el exceso de agua, así que perfora la tabla del fondo para hacer el drene. Después, lo forra con plástico. Ahora sí ya terminó su contenedor.

El contenedor

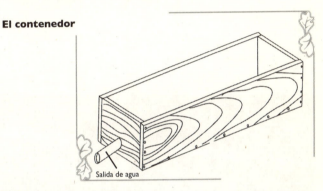

Salida de agua

Contenedores domésticos

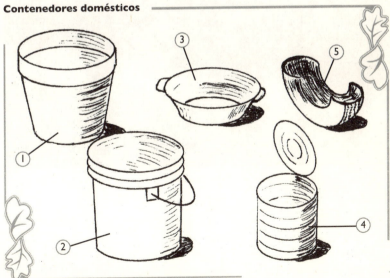

1) Maceta, 2) Cubeta, 3) Cacerola, 4) Bote, 5) Llanta

Contenedores domésticos
6) Caja de madera

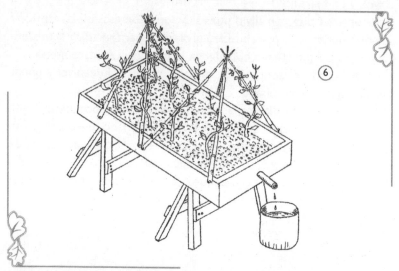

Contenedores

Capítulo XVI

Sistemas hidropónicos

El proyecto ha avanzado y ahora el grupo se encuentra reunido en casa de Pedro, quien ha destinado una gran mesa para estudiar, misma que ahora comparte con sus amigos. Vicente le da la palabra a Lolita, quien comienza a leer:

—Los sistemas estrictamente hidropónicos son aquellos en los que sólo se utiliza un medio líquido para el desarrollo de la planta. Este medio es la solución nutritiva.

"El sistema NFT; es decir, *Nutrient Film Technique* o Sistema de Película Nutritiva, es el método en que se recircula un mínimo volumen de solución nutritiva para bañar las raíces de la planta con regularidad.

"El sistema *Floating Root*, o Raíz Flotante, es aquel en el que las raíces permanecen sumergidas en la solución nutritiva, desde su siembra hasta su transplante.

"En el sistema aeropónico sólo se suspende a la planta en un contenedor cerrado y sin sustrato. El método de riego es la microgota, que también se conoce como niebla enriquecida de nutrientes para bañar las raíces.

"En los sistemas semihidropónicos se utiliza un sustrato o medio de cultivo sólido, que por lo regular es derivado de rocas."

Lolita reflexiona e intenta decidir cuál es el sistema más fácil para cultivar. Después, continúa:

—El libro dice que, cuando las plántulas han crecido y llegan a medir de 8 a 10 centímetros, deben ser transplantadas según el sistema hidropónico o semihidropónico que el cultivador haya decidido usar.

Los amigos han escuchado con atención la lectura y la explicación. Todos deliberan sobre las opciones de sembrar en agua o sembrar en sustrato. Pilar decide retomar la lectura:

—Para la siembra en sustrato se necesita:

1. Contenedor
2. Semilla o plántula
3. Sustrato
4. Solución nutritiva
5. *Tutor* para las plantas altas o mayores

"El contenedor y su profundidad de acuerdo con el tipo de planta: cuando se fabrica el contenedor con madera u otro material, su longitud o largo debe ajustarse al espacio disponible. Se sugiere que el ancho sea de 30 a 90 centímetros. Si se cultiva una planta alta como jitomate, tomate verde, chayote, chiles, melón, sandía, calabaza, berenjena, pepino, chícharo, frijol, chilacayote, etcétera, o flores como rosa, gladiola, ave de paraíso, crisantemo, margarita, gerbera, cuna de moisés, tulipán, dalia, gardenia, alcatraz, begonia, lirio, lis, geranio, anturio, nardo, adelfa, bromelia, fresa, bugambilia, etcétera, el contenedor debe tener una profundidad de 30 a 40 centímetros.

"Para las plantas pequeñas, también deben fabricarse contenedores cuyo largo o longitud vaya de acuerdo con el espacio disponible. El ancho no debe exceder un metro y la profundidad debe medir de 10 a 15 centímetros. Ejemplos de este tipo de plantas son lechuga, rabanito, cilantro, perejil, hierbabuena, apio, espinaca, acelga, ajo, cebolla, poro, cebollín, menta, ruda o anís, o flores como clavel, narciso, pensamiento o campánula.

"Después de este capítulo ya no podemos detenernos. ¡Tenemos que empezar! Pronto brotarán nuestras plantas y, como dice el libro, durante una semana podemos regarlas sólo con agua corriente. ¿Y después?"

—¡Oigan, amigos! —exclama Lolita—. Se me ocurre algo... creo que en casa de alguno de nosotros podemos hacer una pequeña huerta; así, entre todos nos dividiremos el trabajo y los gastos. Bueno, si alguien quiere hacer en su casa su propio cultivo, está bien.

Todos unidos analizan las condiciones de sus respectivas casas y deciden hacer el proyecto en la de Pedro, pues él ya cuenta con la ayuda de su papá. Además, su casa es espaciosa y cuenta con un patio muy grande.

Gloria Samperio comparte las técnicas de los cultivos hidropónicos con las futuras generaciones.

Capítulo XVII

La nutrición de las plantas

Entusiasmados, los chicos dejan volar su imaginación y comentan que, cuando obtengan los resultados, invitarán al director de la escuela a visitar su siembra. ¡Podrían incluso ganar el premio de ciencias a nivel nacional! ¡Sus papás y familiares estarían orgullos de ellos! La aventura los llena de alegría y deciden que Pedro lea:

La nutrición de las plantas:

—Las plantas están constituidas por agua y minerales que ellas consumen; por ejemplo, nitrógeno, fósforo y potasio. Esos minerales se extraen de las minas y son llevados a un laboratorio. Ahí los separan de otros minerales que la planta no necesita. Una vez convertidos en sales minerales es cuando son de utilidad para las plantas. A estos minerales se les llama macro-elementos o elementos mayores, porque las plantas los consumen en mayor cantidad. Para no escribir su nombre, por ser tan largo, puede escribirse sólo su abreviatura, por ejemplo: N (nitrógeno), K (potasio), P (fósforo), Ca (Calcio) y Mg (Magnesio).

"Las plantas también consumen otros minerales convertidos en sales, aunque sólo en pequeñas cantidades, como el B (boro), Cl (cloro), Fe (hierro), Mn (manganeso), Zn (zinc), Cu (cobre) y Mo (molibdeno). A estos minerales se les llama micronutrientes o nutrientes menores. Si no se nutren con estos minerales o sales, las plantas no se desarrollan y mueren."

—Vicente, ahora explícanos por qué las plantas consumen cosas tan complicadas —sugiere Pilar. A Vicente le brillan los ojos de alegría pues invirtió varias horas en investigar la alimentación de las plantas antes de llegar, así que les dice:

—Bueno, les explico: ¿Recuerdan lo que nos han dicho acerca de que las frutas y vegetales contienen vitaminas, grasas, proteínas y carbohidratos? Eso es porque las plantas los fabrican en sus cuerpos con los minerales que consumen. Entonces, al comer frutas y vegetales, para nuestros cuerpos es más sencillo asimilar esos minerales. Además, las frutas son sabrosas. Las plantas no pueden tomar un pedazo de piedra de cal y comerlo, ¿verdad que no? Por eso, la planta consume minerales convertidos en sales y los hace asimilables para el ser humano. Después, nosotros nos comemos a la planta ¡y ya está! Así consumimos minerales y vitaminas. Ahora voy a leerles esto:

"Solución nutritiva: a fin de elaborar una solución nutritiva para la planta, en primer lugar debe tenerse conocimiento de cómo le sirve cada mineral. Por ejemplo:

El nitrógeno:
1. Ayuda a la planta en la producción de clorofila.
2. Permite la fotosíntesis.
3. Ayuda a producir proteínas, hormonas, vitaminas y enzimas.

Su deficiencia provoca:
1. La interrupción del crecimiento de la planta.
2. Que las hojas se tornen amarillas, se marchiten e incluso mueran.
3. Tallos delgados.
4. Reducción en la producción.
5. Plantas mal desarrolladas.

El potasio:
1. Da origen a la germinación.
2. Ayuda al metabolismo.
3. Forma los carbohidratos.
4. Mejora la calidad de los frutos.

Su deficiencia provoca:
1. Hojas con orillas amarillentas.

2. Producción muy reducida.
3. Manchas en las nervaduras.
4. Susceptibilidad a enfermedades.
5. Nula elaboración de almidones y proteínas.

El fósforo:
1. Ayuda al crecimiento y la formación de semillas.
2. Ayuda a la división celular para formar flores y frutos.

Su deficiencia provoca:
1. Hojas inferiores amarillas.
2. Retraso en el crecimiento.
3. Raíces pequeñas.
4. Desarrollo incompleto.

El calcio:
1. Fortalece las paredes celulares del fruto.
2. Al consumir nitrógeno, las plantas controlan la acidez con el calcio.

Su deficiencia provoca:
1. La muerte de casi todas las raíces.
2. La muerte de las hojas superiores.

El magnesio:
Contribuye a la creación de clorofila.

Su deficiencia provoca:
1. Amarillamiento de las hojas.
2. Las hojas se arrugan.
3. Hojas pequeñas con peciolo corto.

El azufre:
Está presente en toda la planta e interviene en la formación de enzimas y vitaminas.

Su deficiencia provoca:
1. Amarillamiento de las nervaduras.
2. Plantas de menor altura.
3. Manchas color púrpura en las hojas.

El hierro:
1. Ayuda al crecimiento normal de la planta.
2. Ayuda a la formación y desarrollo del follaje.

Su deficiencia provoca:
1. Follaje amarillento.
2. Lento desarrollo.

El manganeso:
1. Ayuda a la semilla a formar carbohidratos.
2. Favorece la germinación.

Su deficiencia provoca:
1. Coloración amarillenta entre las nervaduras.
2. Desarrollo problemático de las hojas inferiores.

El boro:
1. Ayuda a la germinación.
2. Ayuda a la producción del polen.
3. Ayuda a la floración.

Su deficiencia provoca:
1. La división incorrecta de las células.
2. Muerte de hojas basales.

El zinc:
1. Permite la fijación del nitrógeno.
2. Ayuda a formar enzimas y hormonas.

Su deficiencia provoca:
1. Retraso en el crecimiento.
2. Debilidad del follaje.

El cobre:
1. Ayuda a la respiración de la planta.
2. Ayuda en la formación de hormonas y enzimas.

Su deficiencia provoca:
1. Menor asimilación de nutrientes.

El dióxido de carbono:
1. Ayuda a la producción de células en la planta.
2. Es vital para la producción de carbohidratos.

Su deficiencia provoca:
1. Deficiente realización de sus funciones.
2. La muerte.

El hidrógeno y oxígeno:
1. Se obtienen mediante el agua y el aire.
2. Forman parte vital del proceso de fotosíntesis y crecimiento de la planta.

Su deficiencia provoca:
La muerte de la planta.

El cloro:
Ayuda a la fijación del nitrógeno.

Su deficiencia provoca:
1. Tallos quebradizos.
2. Hojas basales marchitas.

El sodio:
1. Es un componente de las celdas de los tallos.
2. Permite el desarrollo de la tolerancia al estrés hídrico.

Su deficiencia produce:
1. Flores marchitas.
2. Caída prematura de frutos."

Vicente se detiene, se lleva las manos al pecho, suspira y toma un breve descanso. De pronto, Pedro alza la voz y le dice con asombro:

—¡Órale, para eso se necesita ser químico! ¿O no, amigos?

—No, Pedro, no se necesita ser químico para ser hidroponista.

Lolita lee en silencio y de pronto comenta en voz alta:

—¡Amigos, amigos! ¡Qué susto! Pensé que íbamos a tener que hacer las fórmulas de alimentación para las plantas, pero en este maravilloso libro ya están escritas. ¡Miren, son varias! ¡Qué bueno!

Ya nos ahorramos ese trabajo. Se las leeré mañana, porque hoy ya se hizo tarde. Los espero en mi casa.

Al día siguiente, Lolita recibe con amabilidad a sus amigos y les comenta:

—Revisé los apuntes. No se preocupen si les parece complicado. Ayer investigué, y en las boticas, en las tiendas en donde se venden fertilizantes y artículos para jardinería encontraremos todo lo que dice el libro que necesitamos para nutrir las plantas. Ahí compraremos las sales por gramos y son muy baratas, no son cosas tóxicas ni nos harán daño. Podemos manejarlas con las manos sin peligro. Al disolver las sales minerales en el agua queda lista la solución nutritiva, y sólo contiene pequeñas dosis de cada mineral, casi como las que tenemos en el cuerpo.

El grupo enmudece por la sorpresa. ¡Ahora Lolita es casi una especialista del tema! Después de recibir el libro de manos de Lolita, Vicente comenta:

—Lo que vamos a leer es el más difícil de todos los temas. ¿Qué tal si mejor hacemos una lista, para evitar que se nos olvide?

Fórmula I para plantas hidropónicas:

Sulfato de amonio	10 gramos
Nitrato de potasio	40 gramos
Nitrato de calcio	70 gramos
Fosfato monopotásico	80 gramos
Sulfato de magnesio	80 gramos
Sulfato de hierro	un pellizquito, pues se requiere menos de un gramo

Fórmula de Gloria Samperio Ruiz. Instrucciones.

Vicente lee en silencio y les explica:

—Todas las sales se mezclan en seco y de esa mezcla se toman 10 gramos, que equivale a una cucharadita cafetera rasa, es decir, sin copete, y se disuelve en cinco litros de agua. Ya tenemos la solución nutritiva con la que debemos regar a las plantas por la mañana y por la noche. Esta solución puede utilizarse desde que la planta es pequeña y hasta que alcanza los 15 centímetros de altura o florece. Cuando la planta ya produce frutos, también se utiliza la misma medida de la cucharadita cafetera, pero con copete, y se disuelve en cinco litros de agua.

Vicente retoma la lectura ante la expectativa del grupo:

Fórmula 2 para todo tipo de plantas:

Sulfato de amonio	5 gramos
Nitrato de potasio	70 gramos
Fosfato monopotásico	80 gramos
Nitrato de calcio	100 gramos
Sulfato de magnesio	100 gramos
Sulfato de hierro	un pellizquito, igual que para la fórmula anterior

Fórmula de Gloria Samperio Ruiz. Instrucciones.

Vicente vuelve a leer en silencio y después explica:

—También esta fórmula es para mezclar todos los minerales en seco. Después se toma una cucharadita rasa de la mezcla y se disuelve en cinco litros de agua. Con esta solución nutritiva debemos regar las plantas por la mañana y por la noche. Cuando las plantas ya están muy grandes y florean o dan frutos, haremos la solución nutritiva con una cucharadita y media, que son aproximadamente 15 gramos, para cinco litros de agua.

"También se debe recolectar la solución nutritiva después del riego, para utilizarla de nuevo.

Los amigos aprovechan el fin de semana para comprar las sales minerales de acuerdo con la cantidad y especificación de la lista.

Es principio de semana y Pedro espera en casa a sus compañeros para elaborar por primera vez una solución nutritiva. Con anticipación preparó varias cubetas de plástico y botellas desechables de refresco, con todo y sus tapas. También consiguió prestada la báscula de su papá y unas cucharas de plástico que le confió su mamá. La mesa que utilizarán para el proyecto luce más limpia que de costumbre.

Por fin llegan los integrantes del grupo. El trato entre ellos es cordial y, a medida que entran, colocan sus nutrientes sobre la mesa. Con voz ceremoniosa, Pedro inicia la sesión:

—Bienvenidos, "colegas".

Pedro explica la fórmula nutritiva.

Para sorpresa de sus compañeros, Pedro viste una bata blanca. Además, está muy bien peinado y muestra una gran sonrisa. De

Sulfato de amonio	*10 gramos*
Nitrato de potasio	*40 gramos*
Nitrato de calcio	*70 gramos*
Fosfato monopotásico	*80 gramos*
Sulfato de magnesio	*80 gramos*
Sulfato de hierro	*un pellizquito*

inmediato, Vicente despliega un cartel con la fórmula escrita en letras grandes y de diferentes colores, lo pega a un muro con cinta adhesiva y anuncia:

—Conseguí todo lo necesario para hacer la primera solución nutritiva.

El grupo ríe pues todos han conseguido los mismos ingredientes. Ahora pueden leer cada paso del proceso en el cartel.

Por turno, cada uno de los chicos pasa a la báscula a pesar sus sales, las deposita en su recipiente respectivo y las mezcla en seco. Para medir el sulfato de hierro sólo toman la cantidad que pueden sostener entre las yemas de sus dedos índice y pulgar, y la adicionan a la fórmula en seco. Los chicos revuelven todo con cuidado y lo guardan en botes limpios, que antes fueron envases de leche en polvo.

La mezcla de sales y agua

Para hacer la mezcla de agua con las sales minerales, utilizan unas cubetas de pintura de plástico con tapa, ahora limpias.

Como primer paso, emplean un envase limpio de yogurt de un litro para medir 5 litros de agua corriente, que depositan en cada cubeta. Después, cada uno agrega una cucharadita de la mezcla de sales a su cubeta con agua y revuelve con la cuchara de plástico hasta disolverla. Una vez finalizado su trabajo, guardan la solución nutritiva en un garrafón de plástico y lo tapan, limpian la mesa, lavan los utensilios y comentan que por fin cuentan con alimento para sus plantas.

Durante la semana completa, los chicos riegan sus pequeñas plantas con la solución nutritiva que elaboraron con tanto esmero. Día a día, las plántulas crecen sanas y frondosas.

El grupo decide llevar sus contenedores a casa de Pedro. Los contenedores están llenos de grava menuda y ya han sembrado las plántulas en ellos. Ahora, se turnarán para aplicar cada día los riegos por aspersión: uno por la mañana y otro por la tarde. También recolectarán la solución nutritiva en una cubeta después del riego para utilizarla de nuevo.

Alumna de Gloria Samperio muestra una raíz flotante.

Capítulo XVIII

Sistema de raíz flotante

Animados por sus logros, los chicos deciden retomar la lectura para aprender a sembrar en agua. Vicente toma el libro y lee:

—El sistema de raíz flotante: este sistema permite al cultivador producir 9 cosechas de lechuga precoz por año mediante el uso del mismo contenedor. También puede realizarse la siembra de manera programada; es decir, cada cierto periodo, y cerrar un ciclo de cultivo en poco tiempo. Por ejemplo: si tenemos siete contenedores, podemos sembrar o transplantar uno cada semana. De este modo, el primero se podrá cosechar a las siete semanas y sembrarlo de nuevo; después, cosechar el segundo a la siguiente semana y resembrarlo también. Con cosechas sucesivas se obtiene una cosecha semanal a lo largo de todo el año.

"Desde el transplante hasta la cosecha se usa la misma solución nutritiva y sólo es necesario agregar el agua suficiente para la planta, además de los nutrientes que consume. Este sistema es tan sencillo que resulta recomendable incluso para niños. En términos comerciales es muy económico y genera grandes producciones, sobre todo si no se cuenta con grandes cantidades de agua."

Vicente se detiene y comenta que ese sistema es justo lo que ellos necesitan practicar, así que deciden seguir los pasos para hacer su siembra y colocar sus contenedores en casa de Pedro. Vicente vuelve a la lectura y todos anotan los requerimientos:

—Para construir un sistema de raíz flotante se requiere de:

1. Contenedor.
2. Solución nutritiva, la cantidad que le cabe al contenedor.
3. Una plántula; por ejemplo, de lechuga, apio, perejil, fresa, acelga, espinaca, hierbabuena, etcétera.
4. Un tramo de unicel con barrenos u orificios de 2.5 centímetros (una pulgada) distribuidos a cada 10 o 15 centímetros de longitud. El unicel puede conseguirse en las papelerías, y debe tener un espesor de 1 o 2 pulgadas (2.5 a 5 centímetros).
5. Cubitos de esponja de baja densidad, que se adquieren en las tiendas de autoservicio o en las tapicerías.
6. Bombita para oxigenación, de las que se colocan en las peceras.
7. Papel cromático, papel tornasol o medidor de pH. Lo venden en las farmacias o a través de proveedores de artículos para laboratorio. También puede utilizarse un medidor llamado potenciómetro.

Para su elaboración se requiere de:
1. Tramo de esponja de baja densidad.
2. Una regla.
3. Un lápiz o marcador.
4. Tijeras para cortar papel.

Proceso:
1. Se trazan líneas a lo largo y a lo ancho del tramo de esponja para formar cuadros de 2.5 centímetros por lado.
2. Se corta por las líneas verticales, para formar tiras de 2.5 centímetros de ancho.
3. Con el corte horizontal se forman los cuadrados.
4. Se hace un corte recto al centro del cuadrado, pero la profundidad del corte debe llegar sólo a la mitad de la altura del cubo.

Germinado para el sistema de raíz flotante

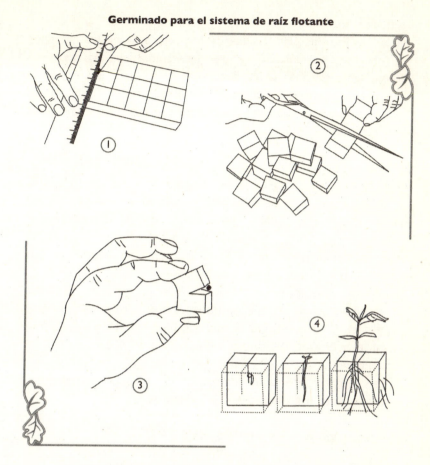

1) Trazo de cubos en la esponja, 2) Corte de cubos, 3) Corte en el centro del cubo, 4) Cubo sembrado con semilla

Primera etapa:

1. Se humedece la esponja y la semilla elegida se coloca en el centro del cubo.

2. Se aplica un riego o dos al día, según la temperatura ambiente. El riego debe ser abundante. Evitemos sembrar semillas de rábano, cebolla, zanahoria, nabo, betabel o jícama.

3. Cuando ha brotado la plantita y mide de 8 a 10 centímetros, o cuando tiene cuatro hojitas verdaderas, ya puede trasplantarse al sistema de raíz flotante.

4. Si no se cuenta con esponja, también se puede germinar en grava fina. Cuando la plántula alcanza la altura indicada, se retira de la grava sin lastimar la raíz, se toma por el tallo y se coloca en el centro del cubo de esponja, como si se tratara de la semilla.

Segunda etapa:

1. Se colocan las plantitas con todo y esponjas en los barrenos (orificios) del unicel. Es importante cuidar que las raíces no queden prensadas entre la esponja y el unicel, o fuera de la solución nutritiva. En el unicel, con las plantas ya insertadas en los barrenos, se coloca el contenedor lleno de solución nutritiva y este queda flotando.

Tercera etapa:

1. Para oxigenar se colocan las mangueritas de la electrobomba de oxigenación, o bombita para pecera, dentro de la solución nutritiva, sujetas a cada una de las cuatro esquinas del contenedor a la vez.

2. Si la bomba tiene sólo dos mangueras, se colocarán en dos esquinas y después en las dos restantes.

3. En caso de no disponer de una bombita para este fin, se puede hacer burbujear la solución nutritiva con la mano; es decir, se levanta el unicel, se toma una cantidad de solución nutritiva en el hueco de la mano y se deja caer de nuevo dentro del contenedor.

4. La oxigenación, aunque sea manual, debe hacerse al menos 2 veces al día por espacio de 5 a 7 minutos.

pH:

El pH adecuado para las plantas es de 6 a 6.5."

Pedro rasca un poco su abundante cabellera y balbucea:

—¿pH? ¿Eso qué es, amigo? ¿Qué es lo que quieres decir?

Vicente busca en su mente algún ejemplo y por fin dice:

—Leí que para medir lo ácido o agrio de los sabores se usa una numeración del 1 al 14: entre más grande es el número, menos ácida es la solución. Amigos, cuando las sales minerales que se usan en hidroponia se disuelven en agua, le dan un sabor ácido. Eso quiere decir que la solución nutritiva tiene un sabor como de limón, pero a las plantas les gusta que ese sabor tenga entre 6.0 y 6.5 de acidez, según la escala de acidez y alcalinidad. En ese número es donde todos los minerales o nutrientes están disponibles para la planta. Si sumergimos el papel cromático o el medidor de pH en la solución nutritiva, y éste marca 3 o 4 de pH, significa que la solución contiene muchos minerales y es necesario agregar más agua. Si el medidor marca de 8 a 9, entonces debemos agregar más nutrientes, pues las plantas consumen los minerales poco a poco, y por eso es necesario adicionarles más. Esta práctica nos permite usar la misma solución nutritiva del contenedor, desde que sembramos hasta la cosecha de la lechuga; sólo es importante corregir la acidez cada 3 o 4 semanas, según lo necesite la planta.

Los chicos han escuchado con atención y ya resolvieron sus dudas al respecto. Este sistema les parece fácil, así que deciden hacer su instalación de prueba con ambos sistemas: el sistema hidropónico de raíz flotante y el sistema semihidropónico en sustrato.

Diagrama para la instalación de una unidad para raíz flotante:

1) Tramo de unicel con barrenos u orificios, 2) Plástico para forrarla, 3) Caja de madera u otro material,

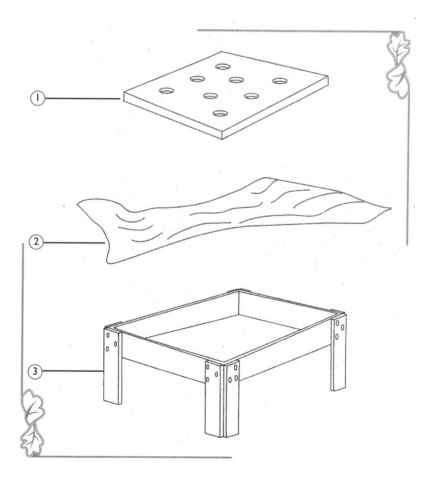

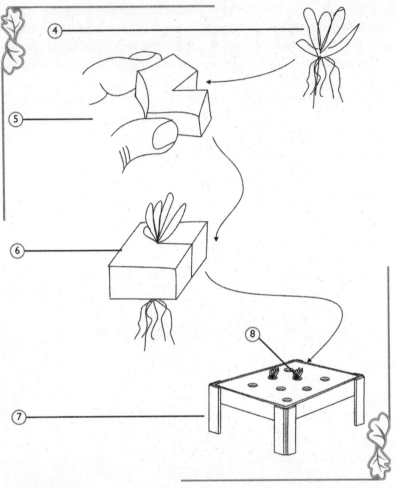

4) Plántula nacida o colocada dentro del cubo de esponja, 5) Colocación o transplante de la plántula dentro de la esponja, 6) Cubo de esponja sembrado, 7) Contenedor lleno de solución nutritiva y cubierta con unicel, 8) Siembra o transplante en el tramo de unicel

Capítulo XIX

La polinización

La siguiente lectura de Vicente es sobre la polinización.

La polinización es la acción de hacer llegar un grano de polen floral al estigma de la flor. De ahí, el polen viajará por el tubo polínico, también llamado estilo, para llegar al ovario de la flor y fecundarla, lo cual da nacimiento a un fruto. Hay dos formas de polinizar: una es por medio de insectos y se llama polinización entomófila; otra es por medio del viento y se llama polinización anémofila.

Después de escuchar a Vicente, todos opinan que el tema es complicado. Vicente medita un poco e intenta reordenar sus ideas para darles una explicación sencilla a sus amigos:

—Es importante saber que la flor produce un polvito amarillo que es el polen, y que un grano de polen debe llegar a una parte que está dentro de la misma flor y que se llama estigma. De ahí viaja por el tubo polínico y llega hasta el ovario. Es ahí donde se inicia la formación del fruto. Para que se cumpla ese proceso, los insectos deben cumplir con su función polinizadora pero, si no hay insectos, debemos moverlas un poquito o colocar un ventilador para que el aire las mueva y se polinicen. ¿Qué tal explico?

Pedro interrumpe la explicación y exclama:

—¡Vicente! ¡Debemos hacerlo pronto porque nuestros jitomates ya tienen flores y queremos tener cosecha!

El invernadero del grupo

Los cultivos en el pequeño invernadero en casa de Pedro se desarrollan de manera excelente. Los padres de Pedro ya les autorizaron invitar al director de la escuela a conocer la pequeña instalación que es propiedad del grupo.

Los chicos han esperado la visita del director de la escuela durante varias semanas. ¡Es un gran acontecimiento! El director, intrigado sobre el tema, le pide a un grupo de profesores que lo acompañe y su asombro compensa todos los esfuerzos de nuestros amigos. Los visitantes apenas pueden dar crédito a lo que ven: ¡en aquel reducido espacio hay un pequeño y rústico invernadero que contiene muchos vegetales!

Los amigos los invitan a probar sus nutritivas fresas, un jitomate, los chícharos y las lechugas. El director de inmediato come una roja fresa, la saborea, asiente con la cabeza y se deleita con el dulce sabor. Después prueba el resto de los vegetales que, además de su delicado sabor, están muy limpios. Piensa que toda la gente debería practicar ese maravilloso trabajo y acepta que en su escuela se instale una siembra más grande que sea dirigida por el grupo.

Antes de despedirse, el director comunica su idea a los cuatro amigos y ellos saltan de alegría: ahora, gran parte de su sueño se ha cumplido.

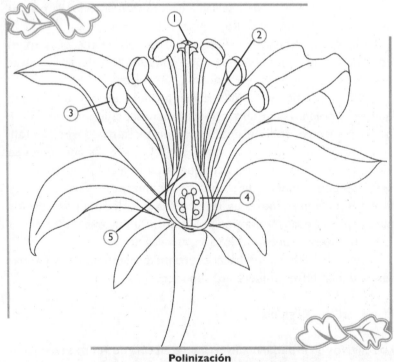

Polinización
1) Estigma, 2) Estilo, 3) Antera, 4) Óvulo, 5) Tubo polínico

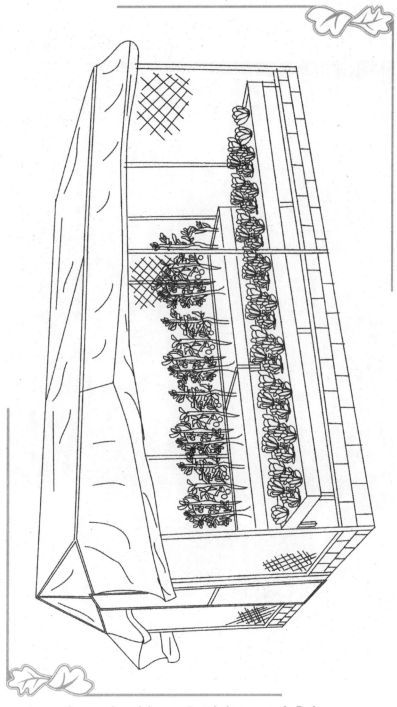

Invernadero del grupo instalado en casa de Pedro.

Invernadero comercial.

Capítulo XX

Tutores

La investigación continúa y Lolita decide iniciar la lectura:

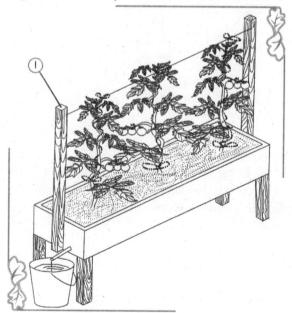

Contenedor planta de tomate
1) Postes o tutores para sujetar alambre

—Los tutores son de vital importancia para las plantas altas pues evitan una mala formación del tallo y ayudan a la apropiada circulación de la savia. También ayudan a resistir el peso tanto de la planta como de los frutos, y permiten que la poda y la cosecha sean más sencillas. Los soportes aéreos, apoyos o tutores sirven para que la planta se sostenga en posición vertical.

Materiales a utilizar:

1. Rafia, estambre o cáñamo
2. Postes de madera de 2.5 centímetros de ancho, de la longitud que se requiera
3. Alambre galvanizado, todo el necesario

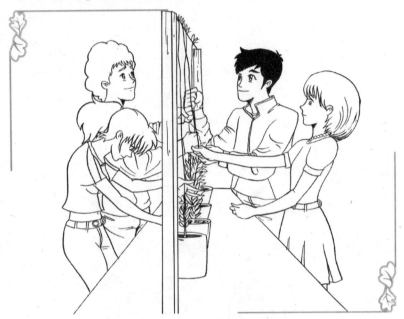

Construcción de los tutores:

1. Clavar un poste en cada esquina del contenedor del cultivo, o uno en el centro de cada cabecera del contenedor, por la parte exterior. El poste no debe sobrepasar la parte más baja del invernadero.
2. En la parte más alta de uno de los postes se sujeta o clava un alambre galvanizado, se tensa y se sujeta a la parte alta del otro poste para evitar que se afloje.
3. El alambre debe tensarse lo suficiente para mantener la planta apoyada en él sin que se afloje.

Sujeción de la planta al alambre:

1. Por debajo de las hojas más bajas, y con cuidado de abarcar también el tallo principal, amarrar con nudo flojo un tramo de rafia y rodear el tallo hacia arriba sin apretarlo, para sostener la planta a todo lo largo.
2. Amarrar al alambre la rafia que ya sostiene a la planta. Hacer un

nudo que sea fácil de deshacer, como un nudo de moño, pero sin apretar el tallo para no dañar a la planta."

Pedro interrumpe la lectura y comenta:

—Mira, Lolita, eso es tan fácil como hacer un tendedero para colgar la ropa. En vez de colgar ropa, sujetaremos las plantas pero sin lastimarlas.

Lolita asiente y continúa:

Tutores.

Gloria Samperio en un invernadero.

Capítulo XXI

La multiplicación de las plantas

—Propagación hidropónica de la papa: El origen del cultivo de la papa se ubica en los Andes de Sudamérica, donde se desarrollaron cerca de 200 variedades. En 1580 el tubérculo llegó a España y en 1620 ya formaba parte de la dieta de los alemanes. El consumo de esta planta está vinculado a la historia de la humanidad. En 1840 los cultivos de Europa se vieron azotados por una plaga que acabó con las cosechas. Casi un millón de personas fallecieron por la escasez de alimentos. La hambruna en Irlanda, uno de los países más afectados, originó la migración de dos millones de personas.

"La papa es una planta anual que se adapta a casi todos los climas. Se desarrolla bien en días largos y tuberiza mejor en días cortos; la temperatura recomendable es entre 18 y 22°C, y le asienta mejor una humedad relativa alta de entre 70 y 80%. Necesita por lo menos de 12 a 15 horas de luz solar. Puede propagarse por semilla sexual. Esta forma de propagación se realiza para investigación pero, cuando se propaga para consumo, se utiliza semilla botánica, también llamada semilla asexual o tubérculo.

"Para su multiplicación depende de otras papas pues en las raíces se desarrollan sus tubérculos. Es mejor que se dejen brotar los retoños en la propia papa antes de ser sembrada, pero también puede sembrarse antes de los brotes, cuando apenas tiene un color verdoso, lo cual significa que está en proceso de fotosíntesis. Cuando la planta ya es adulta, sus tallos alcanzan de 40 a 60 centímetros de altura en el cultivo tradicional. Con el sistema hidropónico, la planta crece alrededor de un metro y su producción es mayor.

"Su tiempo de vida es de 3 hasta 5 meses; en algunas variedades precoces, la cosecha se realiza a los 3 meses; en variedades tardías, entre los 4 y los 5 meses."

Ahora es Pilar quien interrumpe la lectura:

—Lolita, ¿no sería posible que mejor leas cómo sembrar la papa? La historia puede ser interesante, pero nosotros sólo queremos sembrar.

—Está bien, sigo: como todos sabemos, el desarrollo o crecimiento de la papa es subterráneo, por lo que el contenedor para la siembra debe ser de 40 a 45 centímetros de profundidad. La medida del sustrato que se utiliza para la germinación es recomendable para la siembra de la papa; es decir, el medio de cultivo debe ser menudo, de 3 a 5 milímetros, o bien usar perlita, agrolita o vermiculita. Si se utiliza un sustrato muy grande, éste se marcará en la superficie de la papa y le dará un aspecto desagradable, lo cual hace que pierda calidad comercial al venderla.

"La forma de siembra de la papa es:

1. Introducir o enterrar por completo el tubérculo en el sustrato húmedo, a una profundidad de 2 o 3 centímetros.

2. Después de 5 o 6 horas se aplica el riego con agua corriente. La frecuencia de los riegos depende del tipo y tamaño del sustrato.

3. Cuando brotan las primeras hojas, se aplicarán los riegos con solución nutritiva durante 6 días. Al séptimo día debe regarse con agua corriente. El programa de riegos debe respetar la secuencia indicada.

"Tiempo después, la planta de la papa crece y florea, lo cual significa que las papas ya están en formación y que debemos esperar un poco para poder cosecharlas. Por lo general, de la siembra a la cosecha, el proceso tarda entre 120 y 140 días dependiendo de la variedad de la papa."

Entre bromas, los chicos deliberan sobre el tema, finalizan la reunión y se despiden.

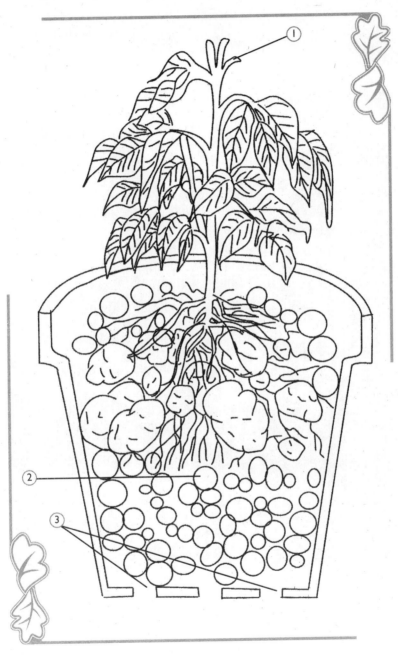

1) Planta, 2) Gravita o piedra chiquita, 3) Drenaje

Gloria Samperio con lechugas hidropónicas.

Capítulo XXII

Proyecto para un invernadero construido con materiales reciclados y destinado a la producción para la venta

El grupo ha conjuntado esfuerzos y reúne toda la información necesaria para diseñar un proyecto que sea productivo, con la idea de construirlo a futuro.

Descripción de un invernadero rústico con las siguientes características:

1. Largo o longitud: 12 metros.
2. Ancho o frente: 7 metros.
3. Cubierta de plástico para invernadero.
4. El piso recubierto con costales de rafia reciclados.
5. Una turbina eléctrica de un caballo de fuerza, que aporta 40 m³ de aire por minuto y que es suficiente para oxigenar todos los contenedores de la siembra de raíz flotante.

Distribución:

Colocar en los laterales del invernadero dos contenedores de un metro de ancho por 11.80 metros de largo. Estos contenedores tienen capacidad para 374 lechugas cada uno.

Colocar al centro dos contenedores con una longitud de 11 metros por 1.20 metros de ancho. Estos contenedores tienen una capacidad para 420 lechugas.

Total: 1500 lechugas.

Espacios libres: 80 centímetros de espacio entre contenedores para paso y manejo.

Ejemplo de distribución de un invernadero:

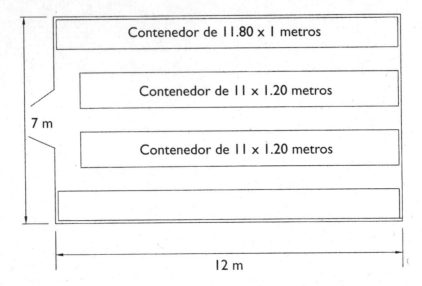

Contenedor de 11.80 x 1 metros

Contenedor de 11 x 1.20 metros

Contenedor de 11 x 1.20 metros

7 m

12 m

Vista superior de construcción general de un invernadero.

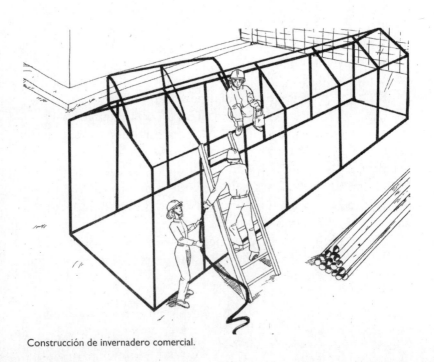

Construcción de invernadero comercial.

Ejemplo de recolección de agua de lluvia en un invernadero

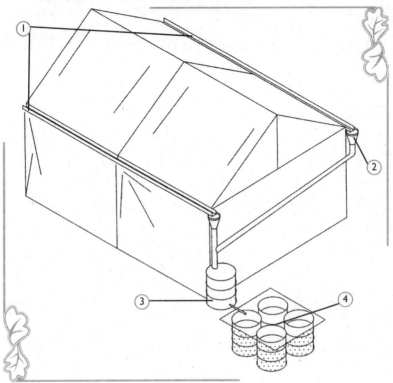

1) Canalón, 2) Embudo recolector, 3) Filtro de arena, 4) Tambos de plástico
enterrados e interconectados

Los chicos están muy interesados en optimizar el uso del agua, así que investigan en el libro sobre la recolección de agua de lluvia. Inmediatamente llevan a la práctica lo aprendido con poco esfuerzo y a bajo costo: como primer paso, cortan por la mitad y a lo largo unos tubos de PVC de 10 centímetros o de 4 pulgadas de diámetro, para formar unos canales que unen con pegamento especial para PVC.

Ya unidos los canales, los colocan en el exterior de ambos laterales superiores del invernadero, al lado de la unión externa entre techo y muro. Así, la lluvia escurre sobre el techo, recorre todo el canal y pasa a un embudo recolector que le permite circular hasta el filtro. De ahí, el agua pasa por un tubo y llega hasta los tambos que los chicos han enterrado en el suelo. Los tambos de plástico están interconectados y sirven como una cisterna plástica que almacena suficiente agua para regar sus cultivos.

Los chicos investigaron que con una lluvia normal se logra captar un centímetro de precipitación por cada metro cuadrado. Por lo tanto, pueden recolectar alrededor de 84 litros de agua cada vez que llueve.

El grupo elabora un esquema del proyecto que ha desarrollado. Todos piensan que es seguro que en invernaderos comerciales se utiliza una tecnología más avanzada.

Invernadero comercial.

Capítulo XXIII

¿Cuántas semillas tiene un gramo?

Para los amigos, los días, aunque agitados, han sido plenos de trabajo, proyectos y aprendizaje. La siguiente reunión se realiza en casa de Pilar, donde analizarán el capítulo relacionado con la cantidad de semillas que contiene cada gramo. Así podrán calcular cuántos gramos de semillas deben comprar para sembrar determinado número de plantas.

Ahora, el turno para leer es de Lolita:

—Las semillas que presentamos son las más comerciales y, por tanto, las de mayor venta:

"El apio: su nombre botánico es *Apium graveolens* y puede cosecharse después de 110 a 125 días de su trasplante. Debe sembrarse a 1 o 2 centímetros bajo la superficie. Un gramo puede contener de 2500 a 2880 semillas."

Lolita se sorprende y exclama:

—¡Guau! ¿Habré leído mal? ¡2,500 semillas o más! Y aquí dice que el apio puede podarse y continuar su producción durante más de un año, ¡esto es fabuloso!

Lolita recupera la compostura y lee:

—La acelga: su nombre botánico es *Beta vulgaris*. Su semilla es poligérmica porque de ella pueden nacer 2 o 3 plantas. Un gramo contiene de 50 a 55 semillas.

"El gramo de berenjena contiene de 200 a 220 semillas y su nombre botánico es *Solanum melongena L.* De su trasplante a la cosecha tarda de 150 a 200 días.

"El chícharo: su nombre botánico es *Pisum sativum*. Un gramo contiene de 5 a 8 semillas, según el tipo de chícharo, y la cosecha es entre 90 y 120 días.

"Brócoli: su nombre botánico es *Brassica oleracea*; puede cosecharse después de entre 120 y 180 días. Un gramo contiene entre 200 y 250 semillas.

"La cebolla: su nombre botánico es *Allium cepa* y un gramo contiene entre 200 y 250 semillas. A partir del trasplante, la cosecha se realiza entre el día 90 y el 120.

"La coliflor: su nombre botánico es *Brassica oleracea*. Un gramo contiene de 300 a 350 semillas. El tiempo para la cosecha varía entre 120 y 150 días.

"La lechuga: su nombre botánico es *Lactuca sativa*. Un gramo puede contener alrededor de 1100 semillas, según la variedad. El tiempo de cosecha varía de 35 a 90 días.

"El gramo de rábano contiene de 75 a 90 semillas y el tiempo adecuado para la cosecha es de 35 a 40 días. Su nombre botánico es *Raphanus sativus*.

"El perejil: su nombre botánico es *Petroselinum*. Cada gramo contiene de 1500 a 1600 semillas y el periodo para la cosecha es de 90 días.

"El melón: su nombre botánico es *Cucumis melo*. Un gramo contiene entre 30 y 35 semillas y la cosecha puede hacerse entre los 90 y los 120 días.

"El jitomate: su nombre botánico es *Lycopersicum esculentum*. Cada gramo contiene de 200 a 250 semillas y el tiempo para la cosecha varía de 90 a 120 días.

"La zanahoria: su nombre botánico es *Daucus carota*. Cada gramo contiene de 500 a 700 semillas y el tiempo para cosechar es de entre 100 y 150 días."

Lolita se detiene, fatigada por la lectura, les sonríe y sugiere:

—¡Cuando decidan comprar semillas, consulten el libro!

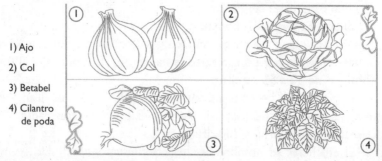

1) Ajo

2) Col

3) Betabel

4) Cilantro
   de poda

Capítulo XXIV

Piso, paredes y techo de un invernadero

Los chicos quieren saber más sobre la construcción de invernaderos, así que buscan el capítulo correspondiente y Vicente lee:

—Parámetros generales para construir un invernadero de 6 metros de largo por 4 metros de ancho, con 3.25 metros en su parte más alta y 2.5 metros en su parte más baja. Es recomendable para cultivos de autoconsumo. Ver plano con medidas.

"La finalidad de construir un invernadero es proteger a las plantas de la lluvia, plagas y excesos de temperatura.

"Alturas mínima y máxima:

Su parte más baja no debe ser menor de 2.5 metros y su parte más alta puede ser 3.25 metros, para permitir la estancia en el invernadero sin dificultad.

"Cubierta de muros o laterales:

De preferencia, las cuatro paredes deben estar cubiertas por una malla especial para invernaderos que se llama malla antimosquita o, en su defecto, malla mosquitero, la cual evita el paso de insectos.

"Cortinas para control de temperatura:

Para evitar el paso de frío excesivo o demasiado viento, sobre la malla deben colocarse unas cortinas de plástico para invernadero. Éstas se suben y se sujetan en la parte superior o se abren hacia los lados, lo cual permite el paso del aire cuando sea necesario. De esta manera, las plantas disponen del dióxido de carbono (CO_2) que está presente en el ambiente. Deben abrirse o cerrarse según las necesidades de temperatura.

Invernadero cubierto de plástico

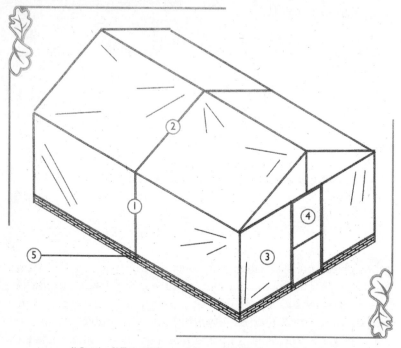

1) Paredes, 2) Techo, 3) Frente, 4) Puerta, 5) Sardinel o pequeña bardita

"Suelo:

Para mantener la siembra libre de plagas, el invernadero debe permanecer limpio y de preferencia aislado de la tierra; para ello es preferible que el suelo esté cubierto aunque sea con costales de rafia reciclados y unidos hasta cubrirlo en su totalidad. Por ejemplo, son útiles los costales que se utilizaron para empacar a- zúcar, frijol, etcétera. En las tiendas donde se venden plásticos, es posible comprar una clase especial de plástico para suelo, llamado plástico agrícola; es muy barato y resistente, y evita el nacimiento de pastos o cualquier tipo de yerbas. El recubrimien- to de cemento es más apropiado y durable.

Partes que componen un invernadero

"Lista de componentes del invernadero, que son perfiles tubula- res rectangulares de 25.40 milímetros (una pulgada) de diámetro.

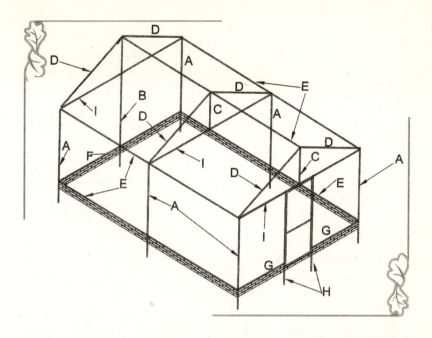

Parte	No. de piezas	Longitud en metros
A	6	2.67
B	1	3.67
C	2	1.00
D	6	2.24
E	5	6.00
F	1	4.00
G	2	1.55
H	2	2.65
I	3	4.00
Puerta del invernadero		
	2	0.89
	2	2.15
	2	Bisagras soldables
Tabique rojo	250 aprox.	
Plástico para invernadero	1	6x10
Plástico para invernadero	2	3x4
Poligrap		

Prácticas recomendables

"En el piso de la entrada al invernadero siempre debe haber una jerga o trapeador mojado con jabón o cloro. Las personas que in-

Vista superior del invernadero

gresen al invernadero deberán limpiarse allí las suelas de los zapatos, con el fin de no introducir plagas o contaminación que dañen al cultivo.

"No debe permitirse el paso a los animales, porque pueden destruir el cultivo o contaminarlo.

"Es conveniente abrir las ventanas del invernadero a las 6 o 7 de la mañana y cerrarlas a partir de las 7 de la noche, sobre todo si la temperatura es demasiado fría, según la temporada.

"Es importante retirar las hojas secas y las plantas enfermas. Se recomienda dejar un espacio libre alrededor del invernadero, de 1 a 3 metros."

Vista frontal del invernadero

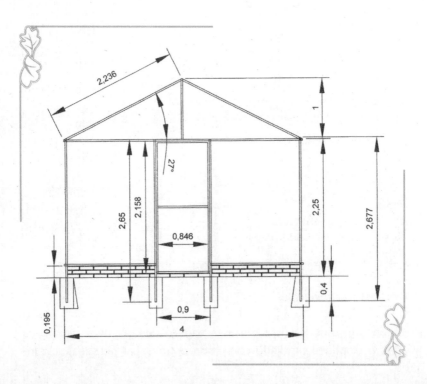

Capítulo XXV

El concurso escolar

El día del concurso estatal de ciencias ha llegado. La escuela presenta un aspecto muy limpio y ordenado, y los maestros y alumnos de las escuelas invitadas lucen vestimentas formales. Los jueces se instalan en el estrado del auditorio y por fin llega el momento en que la escuela anfitriona presente su proyecto a través de las respuestas de nuestros amigos.

La primera en ser llamada al frente es Lolita, quien se pone de pie y sube al estrado. El nerviosismo le impide responder la primera pregunta de inmediato, pero se controla y dice:

—Por favor, ¿me repite la pregunta?

Sus amigos piensan que no es posible que a Lolita se le haya olvidado cómo sembrar un ajo con la técnica de hidroponia. Lolita escucha por segunda vez la pregunta, respira profundo y responde:

—El ajo es un bulbo.

La chica eleva la cabeza y continúa:

—El nombre científico del ajo común es *Allium sativum* y es originario de Asia. Se cultiva desde la antigüedad y el método consiste en separar los dientes de la cabeza del ajo para utilizarlos como semillas. Para cultivarlo en hidroponia el procedimiento es el siguiente:

"Primero se prepara un contenedor, que puede ser una maceta o bolsa de plástico negro, o de cualquier color que no sea transparente. Debe medir de 10 a 15 centímetros de profundidad y ancho y debe tener 1 o 2 orificios en la base y 6 a los lados. Después se llena con un sustrato fino, como del tamaño de un grano de arroz, que debe estar limpio y húmedo. Luego se toma un diente de ajo con la punta hacia arriba y se entierra en el sustrato, a 2 centímetros bajo la superficie. Se riega con agua corriente mañana y tarde. Cuando brotan los tallitos, se riega con solución nutritiva."

—Dígame, ¿en cuánto tiempo deben cosecharse esos ajos? —pregunta el examinador.

Lolita teme equivocarse; sus piernas tiemblan un poco, pero contesta de prisa:

—En el campo se cosechan después de 6 o 7 meses. En hidroponia, como se les proporciona calor adicional y buena alimentación, pueden cosecharse en 4 meses.

Sus amigos se entusiasman y aplauden, situación que causa gracia a los jueces. El siguiente es Pedro, quien se retuerce un poco en su asiento, se levanta, camina al frente y sonríe a los jueces. Su sonrisa es correspondida. Uno de los jueces le pregunta:

—¿Cómo se siembra una gladiola o un nardo en un sistema hidropónico?

Alegre y sin guardar compostura, Pedro responde:

—Pues igual que como explicó Lolita que se siembra el ajo, pero en una bolsa o maceta más grande.

De pronto se escucha la risa de todo el auditorio. Los jueces no pueden evitar reír también ante tan espontánea respuesta. Pasado ese momento, otro de los jueces le pregunta a Pedro:

—¿Cómo propagaría un malvón o geranio?

Pedro habla con seguridad y buen tono:

—Se corta una ramita fuerte del geranio, de 7 a 10 centímetros de largo, y se inserta en el sustrato a una profundidad de 2 o 3 centímetros. Luego se riega con una solución nutritiva una vez al día si el sustrato es perlita, o dos veces al día si el sustrato es grava. En pocos días brotarán las raíces y las hojas nuevas. Después se convertirá en una planta igual a aquella de donde corté la ramita. El procedimiento es similar con rosas, higos, hiedras, hierbabuena, clavel, bugambilia y otras más.

"También es posible multiplicar algunas plantas al dividir la raíz; por ejemplo, la fresa, que también se multiplica por estolón. En el caso del clavel, bueno, primero se observa, porque en el tallo tiene unas divisiones naturales. Cada división puede separarse del tallo y sembrarse en hidroponia. Cuando esas plantas crecen son iguales a la planta madre."

Los jueces deliberan y felicitan a Pedro.

Nuestro amigo asiente para aceptar la felicitación y agradecer a los jueces, y regresa a su lugar.

El turno es de Pilar quien, de pie en el estrado, escucha decir a los jueces:

—Ustedes como grupo nos han demostrado su profundo interés por el ambiente y han dicho que no desean emplear pesticidas. Entonces, ¿qué hicieron para evitar las plagas?

Pilar escucha la pregunta con toda formalidad y, después de buscar en su mente todo lo

Propagación por esqueje en cubo de lana de roca.

relacionado con los insecticidas caseros que su grupo ha utilizado, trata de explicarles de la mejor manera:

—Con las técnicas hidropónicas, los cultivos crecen en un lugar limpio. Las plantas se riegan siempre con agua limpia. Nos lavamos las manos antes de colocar los tutores, podar o cosechar y, como no utilizamos tierra, no hay plagas como gusanos, bacterias, parásitos, hormigas, babosas, gallina ciega o tronzadores a los cuales combatir. Para eliminar las plagas voladoras empleamos insecticidas caseros fabricados a base de plantas, que no dañan a las personas ni contaminan el agua, el suelo o el aire.

"Por ejemplo, cuando las hojas de las plantas se ponen tristes y amarillas, las revisamos. Si encontramos unas mosquitas de color blanco, que los cultivadores llaman mosquita blanca, entonces elaboramos un insecticida casero: en un litro de agua hervimos 3 ramitas de epazote y 5 ramas de ruda durante 5 minutos. A ese té le agregamos de 3 a 5 dientes de ajo crudos y molidos; colamos la mezcla, la vaciamos en un atomizador y la rociamos sobre las plantas dos veces por semana, durante un mes.

"Si encontramos agujeritos en las hojas, significa que hay por ahí algunos gusanos que vinieron de otras plantas que estaban cerca. Entonces, a un litro de agua le agregamos una pizca de sal y un pedacito de jabón de lavandería o jabón de baño, no detergente.

Con esa mezcla rociamos las plantas y procuramos que también se rieguen las hojas inferiores.

"Si revisamos las plantas y encontramos uno o varios pulgones, entonces hervimos un litro de agua con 5 chiles secos de los más picosos, 2 o 3 ramitas de ajenjo y 3 dientes de ajo crudos durante 5 minutos. Colamos la mezcla y en ésta disolvemos un pedacito de jabón de lavandería. Con un atomizador rociamos la planta dos veces por semana durante un mes.

"Si las plantas presentan amarillamiento y puntitos rojos, es que son atacadas por unas arañitas rojas, tan pequeñas que casi no se ven. Éstas chupan la savia de las plantas. Para eliminarlas hervimos agua con 5 flores de cempasúchil, 3 hojas de mastuerzo, una pizca de orégano, 3 ramitas de ruda, 5 dientes de ajo, una pizca de sal, 3 o 4 crisantemos y medio limón exprimido, durante 5 minutos. Colamos la mezcla, la vaciamos en un atomizador y rociamos la planta dos veces por semana durante un mes.

"Otra opción son los insecticidas que se obtienen del árbol de nim, pues esa planta aleja las plagas."

Los jueces, asombrados y complacidos, aprueban la respuesta y Pilar regresa a su lugar entre aplausos.

Al final, los jueces llaman a Vicente y le solicitan que exponga un tema libre. Vicente reflexiona de qué hace falta hablar hasta que su rostro se ilumina, se entusiasma con la idea y con toda seguridad inicia su exposición:

—Señores del jurado, a la hidroponia, al igual que a todas las ciencias, se le buscan nuevas aplicaciones; entre ellas, la llamada siembra en el espacio. Existe una organización muy famosa que se conoce como NASA o *National Aeronautics and Space Administration*, que se encarga de todos los estudios de la aeronáutica civil y comercial. Su principal objetivo es la investigación espacial.

Dicho lo anterior, Vicente se detiene al ver que un juez levanta la mano para hacerle una pregunta.

—Vicente, ¿estás seguro del tema? Por favor explícanos, ¿qué tiene que ver la investigación espacial con la hidroponia?

Vicente sonríe como si ya esperara esa pregunta y responde con toda seguridad, en el lenguaje más claro que le es posible:

—Los científicos que trabajan en la NASA han realizado investigaciones y creen que, dentro de algunos años, el planeta Marte podrá ser habitado por seres humanos. Para que eso suceda, si necesitan plantas.

"En sus estudios avanzados, los científicos descubrieron que la atmósfera de Marte está compuesta en su mayor parte por dióxido de carbono en 95%. Como es un índice muy alto, mataría a los seres humanos. También tiene otros gases, como 2.7% de nitrógenos, 1.6% de argón, 0.2% de oxígeno, trazas de agua y monóxido de carbono. Su color rojizo se debe a la oxidación de la superficie. El dióxido de carbono es indispensable para la vida de las plantas. Cuando ellas atrapan una molécula de aire, consumen el carbono y liberan el oxígeno. Así podrían limpiar el aire poco a poco. Con el paso del tiempo, los seres humanos podrían respirar en Marte. Las plantas hacen posible la vida de los seres humanos y de los animales. Como no es factible llevar a otro planeta tanta tierra para sembrar, tanta comida para vivir y menos el aire, sólo pueden sembrarse plantas hidropónicas en Marte.

"Los científicos también piensan que las cañadas existentes en Marte pueden utilizarse como paredes para la construcción de los invernaderos. Sólo hace falta colocarles un techo. Bueno... yo pienso que de plástico, para que proteja a las plantas del frío, del calor y de los fuertes vientos. Si se logra cultivar plantas en espacios tan reducidos y en el clima tan raro de Marte, será posible entonces que vivamos allá los seres humanos, como si fuera la Tierra.

"Todos esos descubrimientos que logren allá podrían ser útiles también en nuestro planeta. Con esta técnica podríamos contribuir para vivir en un mundo mejor. Por eso, yo creo que el estudio de la hidroponia no debe detenerse aquí. Los científicos, cultivadores y ambientalistas afirman que es el cultivo del futuro."

Los jueces quedan sorprendidos porque no tenían idea del tema que ha tratado Vicente. No pueden menos que ponerse de pie y aplaudirle. Después, llaman al grupo de amigos para recibir, en nombre de la escuela, el premio por presentar un proyecto productivo.

Terminada la presentación, los jueces deliberan y firman el acta en donde consta que el premio estatal será para nuestros amigos, y no sólo el estatal, ¡sino que han calificado para participar en el concurso nacional de ciencias!

Bibliografía

Dalton, Lon y Rob Smith, *Hydroponic Gardening*, Grower Books, Londres, 1993.

Jones, Lem y Paul Cay Bearsdley, *Home Hydroponics and How to do it*, Crown Publishers Inc., Nueva York, 1997.

Morgan, Lynette, *Fresh Culinary Herb Production*, Stratford Press and Printing Company Ltd., Nueva Zelanda, 2001.

Rogers, Carl y H. Jerome Freiberg, *Libertad y creatividad en la educación*, Macmillan College Publishing Company, Inc., Nueva York, 1994.

Samperio Ruiz, Gloria, *Hidroponia básica*, Editorial Diana, México, 1997.

Samperio Ruiz, Gloria, *Hidroponia comercial*, Editorial Diana, México, 1999.

Samperio Ruiz, Gloria, *Un paso más en la hidroponia*, Editorial Diana, México, 2004.

Smith, D. L., *Rockwool in Horticulture*, Grower Books, Londres, 1987.

Glosario

A

Abiótico: sin vida.

Ácido giberélico: sustancia que provoca aumento en el crecimiento de las células vegetales; lo produce un hongo que causa una enfermedad en las plantas de arroz.

Áfidos: orden muy extensa de insectos caracterizados por un aparato bucal modificado para chupar (*aphis*). Se alimentan de la savia de las plantas.

Algas: grupo de organismos de estructura simple que producen oxígeno al realizar el proceso de fotosíntesis. Aunque la mayoría de las algas son unicelulares y microscópicas, algunas de 1 o 2 micrómetros de diámetro (1 micrómetro = 0,001 milímetros), muchas son visibles, como el verdín de las charcas, las algas marinas, la marea roja, las manchas verdeazuladas en las paredes de los acuarios y las capas verdes sobre los árboles. Muchos géneros de algas tienen representantes que viven en simbiosis con hongos y forman los líquenes. Ciertas algas han evolucionado hacia la pérdida de su capacidad fotosintética. Las algas se diferencian de los briofitos (musgos y hepáticas), los cuales también carecen de tejidos complejos, en donde sus células reproductoras se originan en estructuras unicelulares y no pluricelulares. El estudio de las algas se llama ficología (del griego, *phykos*, que significa 'alga de mar') o algalogía (del latín, *alga*).

Aminoácidos: importante clase de compuestos orgánicos que contienen un grupo amino ($8NH_2$) y un grupo carboxilo ($8COOH$). Veinte de estos compuestos son los constituyentes de las proteínas. Se les conoce como alfaaminoácidos (a-aminoácidos) y son los siguientes: alanina, arginina, asparagina, ácido aspártico, cisteína, ácido glutámico, glutamina, glicina, histidina, isoleucina, leucina, lisina, metionina, fenilalanina, prolina, serina, treonina, triptófano, tirosina y valina.

Anaerobio: organismo que puede vivir sin oxígeno. Los organismos anaerobios disponen de un metabolismo que produce energía a partir de nutrientes que carecen de oxígeno, por lo regular a través de procesos de fermentación aunque, en ocasiones, como en el caso de los que habitan en las profundas grietas hidrotermales marinas, lo realizan mediante reacciones que emplean compuestos químicos inorgánicos. Todos los anaerobios son organismos simples, como las levaduras y las bacterias; aquellos organismos que mueren en presencia de oxígeno se denominan anaerobios estrictos, mientras que el resto se conocen con el nombre de anaerobios facultativos.

Anatomía: estudio de los tejidos vegetales, su origen y sus interrelaciones.

Anemófila: casi todas las gimnospermas vivientes que polinizan con ayuda del viento.

Anemómetro: (del griego, *anemos*, viento; *metron*, medida), instrumento que mide la velocidad del viento.

Anión: átomo que gana un electrón y forma un ión de carga negativa.

Antibiótico: (del griego, *anti*, contra; *bios*, vida), cualquier compuesto químico utilizado para eliminar o inhibir el crecimiento de' organismos infecciosos. Una propiedad común a todos los antibióticos es la toxicidad selectiva; es decir, que la toxicidad es superior para los organismos invasores que para los animales o los seres humanos que los hospedan.

Apical: adjetivo relativo al ápice (punta).

Ascomicetos: subclase de los eumicetos; son hongos superiores con cuerpos fructíferos, por ejemplo, levaduras, penicilios, aspergilios, el cornezuelo y las trufas.

Atmósfera: mezcla de gases que rodea un objeto celeste (como la Tierra) cuando éste cuenta con un campo gravitatorio suficiente para impedir que escapen. La atmósfera terrestre está constituida principalmente por nitrógeno (78%) y oxígeno (21%). El 1% restante lo forman el argón (0,9%), el dióxido de carbono (0.03%), distintas proporciones de vapor de agua y trazas de hidrógeno, ozono, metano, monóxido de carbono, helio, neón, kriptón y xenón.

Auxina: miembro de un grupo de hormonas vegetales; son sustancias naturales que se producen en las partes de las plantas en fase de crecimiento activo y regulan muchos aspectos del desarrollo vegetal. Afectan al crecimiento del tallo, las hojas y las raíces, y al desarrollo de ramas laterales y frutos. Las auxinas influyen en el crecimiento de estos órganos vegetales a través de la estimulación de la elongación o alargamiento de ciertas células y al inhibir el crecimiento de otras, en función de la cantidad de auxina en el tejido vegetal y su distribución.

B

Bar: unidad de medida de la presión atmosférica equivalente a 100 mil pascales. Símbolo: Bar.

Benzaldehído: líquido incoloro de olor aromático penetrante, poco soluble en el agua, soluble en todas las proporciones en el alcohol y el éter, empleado en perfumería.

Biomasa: abreviatura de masa biológica; cantidad de materia viva producida en un área determinada de la superficie terrestre, o por organismos de un tipo específico.

Biótico: con vida. Característico de los seres vivos o que se refiere a ellos.

Biotina: anteriormente conocida como la vitamina B_8, es importante para el metabolismo de hidratos de carbono, proteínas y grasas.

Bosquejo: sólo se muestran los contornos, los ángulos sobresalientes o los rasgos del objeto o escena que se representa. Idea vaga de una cosa.

C

Caldera (máquina): dispositivo utilizado para calentar agua o generar vapor a una presión superior a la atmosférica. Las calderas se componen de un compartimiento donde se consume el combustible y otro donde el agua se convierte en vapor.

Cáliz: está formado por varios sépalos que protegen el capullo floral antes de que abra.

Carbohidrato: m. *Quím*. Hidrato de carbono. Todas las células transformadas en energía. Por ejemplo, las células vegetales utilizan la luz solar para obtener carbohidratos (azúcares y almidón) a partir de principios químicos inorgánicos simples. En este proceso, denominado fotosíntesis, la energía solar se convierte en energía química de reserva. Si los carbohidratos de estas plantas son ingeridos por un animal, se produce su ruptura y su energía química se transforma en movimiento, calor corporal o enlaces químicos nuevos.

Caroteno: pigmento amarillo anaranjado que se encuentra en ciertas células vegetales, y que da su color a la zanahoria.

Catión: un átomo que pierde un electrón forma un ión de carga positiva.

Cisteína: uno de los 20 aminoácidos constituyentes de las proteínas, con un átomo de azufre en la cadena lateral: este grupo tiol (SH-) es reactivo en extremo, forma parte del grupo de aminoácidos con grupos polares sin carga. Desempeña un papel muy importante en la estructura espacial de las proteínas por la formación de puentes disulfuro entre dos radicales de cisteína dentro de una misma proteína o en proteínas diferentes. Participa como promedio en un 2.8% (en relación con todos los aminoácidos) de la constitución de las proteínas, y puede ser sintetizado por el organismo humano.

Citocromo: proteína de color oscuro que desempeña una función vital en el transporte de energía química en todas las células vivas. Las células animales obtienen la energía de los alimentos mediante un proceso llamado respiración; las plantas capturan la energía de la luz solar por medio de la fotosíntesis. Los citocromos intervienen en ambos procesos.

Cloroplasto: estructura de las células vegetales y de las algas, donde se lleva a cabo la fotosíntesis.

Clorosis: pérdida de clorofila que causa amarillamiento en las hojas, (cloróticas). Puede presentarse como resultado del proceso normal de envejecimiento, por falta de minerales clave para la síntesis de proteínas (en especial hierro y magnesio) o por enfermedad.

Cloruro de vinilo o cloroetileno: gas de fórmula $H_2C=CH-Cl$ que al polimerizarse produce cloruro de polivinilo o plástico de vinilo. El gas, que se obtiene de la reacción del eteno o etino con ácido clorhídrico, se utilizó como propulsor en los aerosoles.

Combustión: proceso de oxidación rápida de una sustancia, acompañado de un aumento de calor y, con frecuencia, de luz. En el caso de los combustibles comunes, el proceso consiste en una combinación química con el oxígeno de la atmósfera que lleva a la formación de dióxido de carbono, monóxido de carbono y agua, junto con otros productos como dióxido de azufre, que proceden de los componentes menores del combustible.

Cromaticidad: calidad del color de la luz, dependiente de la longitud de onda dominante y de su pureza.

D

Defoliación: nombre que recibe tanto el proceso natural por el cual una especie vegetal pierde las hojas, como el proceso patológico o debido a oscilaciones climáticas que provoca la caída prematura de éstas.

Dióxido de carbono: gas incoloro, inodoro y con un ligero sabor ácido, cuya molécula consiste en un átomo de carbono unido a dos átomos de oxígeno (CO_2). El químico escocés Joseph Black lo denominó "aire fijo", y lo obtuvo a partir de la descomposición de la marga y la caliza como parte de la composición química de esas sustancias. El dióxido de carbono es alrededor de 1.5 veces más denso que el aire. Es soluble en agua en una proporción de 0.9 de volumen del gas por volumen de agua a 20°C. El dióxido de carbono se produce por diversos procesos: por combustión u oxidación de materiales que contienen carbono, como el carbón, la madera, el aceite o algunos alimentos; por la fermentación de azúcares y por la descomposición de los carbonatos bajo la acción del calor o los ácidos. La atmósfera contiene dióxido de carbono en cantidades variables, aunque por lo regular es de 3 a 4 partes por 10 mil, y aumenta 0.4% al año. Es utilizado por las plantas verdes en el proceso conocido como fotosíntesis, por el cual se producen los carbohidratos dentro del ciclo del carbono.

E

Elongación: alargamiento accidental o terapéutico de un miembro o de un nervio.

Entomófila: polinización por insectos.

Entomología: rama de la zoología que se ocupa de los insectos.

Enzima: cualquiera de las numerosas sustancias orgánicas especializadas compuestas por polímeros de aminoácidos, que actúan como catalizadores en el metabolismo de los seres vivos. Con su acción regulan la velocidad de muchas reacciones químicas implicadas en este proceso.

Epidermis: capa externa del cuerpo de la planta. Constituye la piel que cubre hojas, flores, raíces, frutos y semillas. Las células epidérmicas varían mucho en cuanto a estructura y función. En la epidermis puede haber estomas, unas aberturas a través de las cuales la planta intercambia gases con la atmósfera. Estas aberturas están rodeadas por células especializadas llamadas oclusivas que, al cambiar de tamaño y forma, modifican el diámetro de la abertura estomática y de este modo regulan el intercambio gaseoso. La epidermis está revestida por una película de cera llamada cutícula; es impermeable y su función es reducir la pérdida de agua por evaporación a través de la superficie de la planta.

Estigma: parte del cuerpo diferenciado, situado en su extremo libre y destinado a recibir el polen.

Estomas: aberturas a través de las cuales la planta intercambia gases con la atmósfera.

Estreptomicina: antibiótico producido por la bacteria filiforme (en forma de hebra) que se encuentra en el suelo, denominada *Streptomyces griseus*.

Estrés o stress: en medicina, proceso físico, químico o emocional que produce una tensión que puede llevar a la enfermedad física.

Eteno o etileno: el miembro más simple de la clase de compuestos orgánicos llamados alquenos, que contienen al menos un doble enlace carbono-carbono. El eteno es un gas incoloro, con olor dulzón, y su fórmula es $H_2C=CH_2$. Es ligeramente soluble en agua. A nivel comercial se produce mediante craqueo y destilación fraccionada del petróleo, así como del gas natural. El eteno arde con una llama brillante. Debido a su doble enlace, el eteno es muy reactivo y forma numerosos productos como el bromoetano, el 1,2-etanodiol (etilenglicol) y el polietileno. En agricultura se utiliza como colorante y agente madurador de muchas frutas.

Extruido: materiales conformados en caliente y a presión.

Exudar: salir un líquido de sus vasos o continentes propios.

F

Fanerógamas: también espermatofitos o espermofitos; plantas vasculares con órganos reproductores observables, en oposición a las criptógamas que los tienen ocultos. Comprenden las gimnospermas y angiospermas.

Ficomicetos: son hongos primitivos en forma de tubo, sin tabiques transversales y con muchos núcleos; el cuerpo vegetativo está siempre provisto de una membrana. Viven en el agua o en lugares muy húmedos, sobre restos vegetales o animales en descomposición e incluso pueden ser parásitos de los tejidos vegetales. Se reproducen sexual y asexualmente.

Fisiología: estudio de los procesos físicos y químicos que tienen lugar en los organismos vivos durante la realización de sus funciones vitales. Estudia actividades tan básicas como la reproducción, el crecimiento, el metabolismo, la respiración, la excitación y la contracción, en tanto que se llevan a cabo dentro de las estructuras de las células, los tejidos, los órganos y los sistemas orgánicos.

Fitosanitario: perteneciente o relativo a la prevención y curación de las enfermedades de las plantas.

Fotometría: medida de la intensidad luminosa de una fuente de luz, o de la cantidad de flujo luminoso que incide sobre una superficie. Los instrumentos empleados para la fotometría se denominan fotómetros. La intensidad de una fuente de luz se mide en candelas, y por lo general se compara con una fuente patrón. Se iluminan zonas adyacentes de una ventana con las fuentes conocidas y desconocidas y se ajusta la distancia de las fuentes hasta que la iluminación de ambas zonas sea la misma. La intensidad relativa se calcula entonces a partir del principio de que la iluminación decrece con el cuadrado de la distancia.

Fotón: quanto de energía luminosa.

G

Galvanizado: recubrimiento de hierro o acero con una capa de cinc como protección a la corrosión.

H

Hermafroditismo: en biología, presencia en un ser vivo, planta o animal, de gónadas masculinas y femeninas u órganos que producen células sexuales. El hermafroditismo está presente en la gran mayoría de las plantas con flores: las plantas monoclíneas tienen flores hermafroditas o verdaderas, cada una de las cuales posee elementos masculinos y femeninos (estambres y carpelos); las monoicas tienen, en la misma planta, flores que contienen sólo elementos masculinos y otras que sólo poseen elementos femeninos. Algunas plantas con flores son dioicas; es decir, los órganos femeninos y los masculinos se encuentran en plantas diferentes. La mayoría de las plantas hermafroditas producen los elementos masculinos y femeninos en momentos distintos, de modo que se asegure la polinización cruzada. Algunas, como las violetas y la hierba del asno, suelen polinizarse a sí mismas.

Híbrido: como definición estricta se considera al descendiente del cruce entre especies, géneros o, en casos raros, familias distintas. Como definición más imprecisa puede considerarse también un híbrido aquel que procede del cruce entre progenitores de subespecies distintas o variedades de una especie. Los híbridos que se originan en la naturaleza desempeñan un papel evolutivo importante en el incremento de la variedad genética. También es posible crearlos de forma artificial si se asegura el encuentro de células sexuales de organismos diferentes. Cuanto más estrecha sea la relación entre los padres, más posibilidades tendrá el híbrido de ser viable. Por ejemplo, si los padres difieren sólo en un carácter de pigmentación, como los que determinan el color de las flores o del pelaje, con frecuencia darán lugar a un híbrido normal. Sin embargo, los animales de dos especies diferentes suelen dar origen a híbridos estériles; por ejemplo, la mula macho es el descendiente estéril de una yegua y un burro macho. Los descendientes de dos especies de plantas distintas también por lo general son estériles, aunque pueden reproducirse por esquejes o injertos. Muchas plantas híbridas estériles se han transformado en fértiles mediante tratamientos químicos, cambios de temperatura e irradiación. Con frecuencia, los híbridos presentan lo que se denomina vigor híbrido; es decir, tienden a ser más grandes, crecen con más rapidez y están más sanos que sus progenitores. Por ejemplo, las mulas se crían por su fuerza, que es superior a la de sus padres. Las plantas ornamentales se cultivan por sus flores grandes; casi todo el maíz y los tomates que se producen en la actualidad son híbridos que originan frutos mucho más grandes que los de sus padres. Otras plantas híbridas de gran importancia en la producción de alimentos son el trigo, el arroz, la alfalfa, los plátanos y la remolacha azucarera.

Hidátodo: estructura especializada de las hojas que participa en la eliminación del exceso de agua de las plantas. Puede ser un estoma modificado con las células de guarda permanentemente abiertas, o un pelo glandular. Se encuentra en las puntas de los bordes de las hojas.

Hidrato: m. *Quím.* Combinación de un cuerpo con el agua. ~ *de carbono*, compuesto químico constituyente de los azúcares, el almidón y la celulosa.

Hídricos: uso eficiente de las aguas superficiales y subterráneas disponibles.

Higrómetro: cualquiera de las diversas clases de instrumentos utilizados para medir la humedad atmosférica. Un tipo sencillo de higrómetro, empleado en las casas y en las oficinas, aprovecha el cambio de longitud de una fibra orgánica (muchas veces un cabello) según la absorción de humedad. La fibra tiende a acortarse en aire seco; el dispositivo muestra el cambio al desplazar un puntero en un dial calibrado para dar lecturas de porcentajes relativos de humedad. Este tipo de higrómetro sólo proporciona una indicación aproximada y no se usa para determinaciones cuantitativas precisas.

Hormona: sustancia que poseen los animales y los vegetales cuya función es regular procesos corporales tales como el crecimiento, el metabolismo, la reproducción y el funcionamiento de distintos órganos.

I

Inflorescencia: agrupamiento de flores dispuesto en una prolongación especializada del tallo. En algunas plantas, como el tulipán, las flores son solitarias y se forman aisladas en el extremo de un tallo, pero en la mayor parte de las especies, cada rama lleva varias flores. La inflorescencia, que comprende las flores y las ramas que las soportan, se clasifica en función del tipo de ramificación y de la disposición de las flores en las ramas. Una característica común a casi todas las inflorescencias es la formación de unas hojas llamadas brácteas, que pueden ser simples escamas, estructuras foliosas mayores u hojas coloreadas semejantes a pétalos. La agrupación de varias brácteas, por lo general en un verticilo o roseta, se llama involucro. Los tipos principales de inflorescencia son: racemosa, en la cual el extremo de la rama floral principal no lleva flores, pero sí las ramas secundarias que parten de ella; cimosa, en la que todas las ramas, principal y secundarias, llevan flores; y mixta, que combina características de los tipos racemoso y cimoso.

Ión: partícula que se forma cuando un átomo neutro o un grupo de átomos ganan o pierden uno o más electrones. Un átomo que pierde un electrón forma un ión de carga positiva, llamado catión; un átomo que gana un electrón forma un ión de carga negativa, llamado anión.

L

Larva: nombre científico de las formas juveniles de todos aquellos insectos que experimentan una metamorfosis completa en el curso de su desarrollo para convertirse en adultos. Las larvas se parecen poco a los insectos adultos; carecen de alas y ojos compuestos, y suelen tener forma de gusano. Su estructura varía de un insecto a otro.

Lumen: unidad de flujo luminoso o energía visible emitida por una fuente de luz por unidad de tiempo. Un lumen equivale al flujo luminoso emitido en un ángulo sólido unidad, o estereorradián, por una fuente puntual situada en el vértice de ese ángulo y cuya intensidad luminosa es de una candela en todas las direcciones.

M

Meristemo: las células vegetales están contenidas en paredes duras y, por ello, las estructuras que se originan como resultado del crecimiento son rígidas, como los troncos, ramas u hojas. Debido a esta pared celular, su crecimiento está reducido a ciertas zonas más blandas denominadas meristemos, que consisten en células tisulares indiferenciadas que continúan la formación de las diferentes partes de la planta. La localización característica de estos tejidos embrionarios se halla en los extremos de los brotes, nudos, y en una capa celular (cámbium) en los troncos y raíces.

Metabolismo: conjunto de reacciones químicas que tiene lugar dentro de las células de los organismos vivos, las cuales transforman energía, conservan su identidad y se reproducen.

Metionina: uno de los 20 aminoácidos constituyentes de las proteínas. La cadena lateral de la metionina contiene un grupo tioéter, un grupo funcional con un átomo de azufre. Esto significa que el grupo metilo del extremo puede cederse con más facilidad, por lo que la metionina actúa a menudo como donante de grupo metilo en reacciones de transmetilación.

Micoplasma: género que forma parte de un grupo de organismos, separado de las verdaderas bacterias, denominado *Mollicutes*. Este nombre alude a que pueden cambiar de forma, puesto que su característica principal es que carecen de pared celular. Esto, además, los hace resistentes a los antibióticos que, como la penicilina, inhiben la síntesis de la pared. Los micoplasmas, nombre común que reciben los miembros de este género, pueden presentarse en forma de coco, que se reproducen por bipartición, o como filamentos alargados, que se dividen en cocos. En los cultivos de laboratorio forman colonias pequeñas, de un milímetro de diámetro, con la zona central abultada. Son parásitos de las mucosas y producen enfermedades respiratorias a las personas y a algunos animales domésticos. La neumonía debida a *Mycoplasma* afecta sobre todo a niños y adolescentes. También puede infectar el tracto genital y las membranas sinoviales de las articulaciones.

Micra: medida micrométrica; la millonésima parte de un metro.

Monocromático: radiación compuesta de vibraciones de la misma frecuencia.

Monóxido de carbono: compuesto químico de carbono y oxígeno, de fórmula CO. Es un gas incoloro e inodoro, 3% más ligero que el aire, que resulta venenoso para los animales de sangre caliente y muchas otras formas de vida. Al ser inhalado se combina con la hemoglobina de la sangre, lo cual impide la absorción de oxígeno y produce asfixia.

Morfología: estudio e interpretación de la forma, el desarrollo y el ciclo vital de las plantas.

N

Nanómetro: medida micrométrica; la milmillonésima parte del metro.

NASA: siglas de *National Aeronautics and Space Administration*; organización del gobierno de Estados Unidos fundada en 1958, cuya misión es planificar, dirigir y manejar todas las actividades aeronáuticas y espaciales de Estados Unidos, excepto las que tienen fines militares. El administrador de la NASA es un civil nombrado por el presidente, con el debido consentimiento del Senado de Estados Unidos. La organización coordina la participación de la comunidad científica en la planificación de medidas y observaciones mediante vehículos espaciales y aeronáuticos, y después proporciona los resultados.

Nebulización: preparación que se emplea con pulverizador.

Necrosis: muerte de un tejido causada por una enfermedad o por una lesión tisular.

O

Obturar: tapar o cerrar (una abertura o conducto).

Onda-corpúsculo: dualidad: posesión de propiedades tanto ondulatorias como corpusculares por parte de los objetos subatómicos. El principio fundamental de la teoría cuántica es que una entidad que estamos acostumbrados a considerar como una partícula (por ejemplo, un electrón, con un momento lineal p) puede comportarse también como una onda, mientras que otras entidades que solemos concebir como ondas (por ejemplo, la luz, con una longitud de onda λ) también pueden describirse como corpúsculos (en este caso, fotones). La longitud de onda λ y el momento lineal p de una entidad cuántica están relacionados por la ecuación $p\lambda=h$, donde h es una constante conocida como constante de Planck.

Organoléptico: que produce una impresión sensorial, para designar una serie de caracteres que se perciben con los sentidos (untuosidad, aspereza, sabor, brillo, color, olor) a diferencia de los caracteres químicos, microscópicos, etcétera.

Oxálico, ácido: es el ácido etanodioico, sólido, incoloro, de fórmula HO_2CCO_2H, que cristaliza con dos moléculas de agua. A 100°C pierde el agua de cristalización, y el ácido anhidro funde a 190°C. Se encuentra en muchas plantas en forma de sales (oxalatos) de potasio. Su sal de calcio también aparece en ciertos vegetales y en los cálculos renales·

Oxidasa: las enzimas oxidativas, conocidas como oxidasas, aceleran las reacciones de oxidación, y las reductoras, las reacciones de reducción en las que se libera oxígeno. Otras enzimas catalizan otros tipos de reacciones.

P

Parénquima: tejido vegetal constituido por células de forma similar a la esférica o cúbica. Está distribuido por toda la planta, está vivo y mantiene la capacidad de división celular durante la madurez. En general, las células tienen sólo paredes primarias de grosor uniforme. Las células del parénquima se encargan de numerosas funciones fisiológicas especializadas como fotosíntesis, almacenamiento, secreción y cicatrización de heridas. También hay células de este tipo en los tejidos xilemático y floemático.

Pascal: (de B. Pascal, 1623 – 1662, filósofo y matemático francés) m. *Fis.* Unidad de presión del Sistema Internacional, equivalente a la presión uniforme que ejerce la fuerza de un newton sobre la superficie plana de un metro cuadrado. (Símbolo: Pa).

Patógeno: causante de enfermedades.

Patología: especialidad médica que analiza los tejidos y fluidos corporales para diagnosticar enfermedades y valorar su evolución.

Pivotante: en muchas plantas, la raíz primaria se llama pivotante; es mucho más grande que las secundarias y alcanza mayor profundidad en el suelo. La remolacha o betabel y la zanahoria son ejemplos característicos de plantas con gruesas raíces pivotantes.

Pluviometría: rama de la climatología que trata de la distribución geográfica de las lluvias y su medición en función del tiempo.

Pluviómetro: instrumento que sirve para medir la cantidad de agua precipitada en un lugar determinado. El pluviómetro recoge el agua atmosférica en sus diversos estados (lluvia, nieve); el total,

GLORIA SAMPERIO RUIZ

medido por la altura en milímetros, se denomina precipitación. Para los estados sólidos, las mediciones se llevan a cabo una vez alcanzado el estado líquido.

Polen: microsporas de las plantas fanerógamas. Se producen en grandes cantidades dentro del saco de polen. Los granos de polen se adaptan al método de polinización: los que son llevados por insectos suelen ser pegajosos con pequeñas púas, mientras que las plantas de polinización por el viento suelen tener polen liso y liviano. Cada grano de polen contiene gametos masculinos.

Policarbonato: polímero sintético, resina plástica de gran resistencia y dureza mecánica.

Polietileno: cada uno de los polímeros del etileno. Es uno de los materiales plásticos de mayor producción. Se designa como *PE*. Según el proceso seguido en su polimerización, se distinguen varios tipos de polietilenos: de baja densidad, de alta densidad y lineales de baja densidad. El polietileno de baja densidad es un polímero ramificado que se obtiene por polimerización en masa del etileno mediante radicales libres a alta presión. Es un sólido más o menos flexible, según el grosor, ligero y buen aislante eléctrico; presenta además una gran resistencia mecánica y química. Se trata de un material plástico que, por sus características y bajo costo, se utiliza mucho en envasado, en revestimiento de cables y en la fabricación de tuberías. A partir del polietileno de baja densidad se obtiene el polietileno reticulado (con enlaces entre cadenas vecinas), rígido y más resistente a la tracción y al cambio de temperatura, que se utiliza para proteger y aislar líneas eléctricas de baja y media tensión. El proceso de polimerización del polietileno de alta densidad se lleva a cabo a baja presión y con catalizadores en suspensión. Se obtiene así un polímero muy cristalino, de cadena lineal muy poco ramificada. Su resistencia química y térmica, así como su opacidad, impermeabilidad y dureza son superiores a las del polietileno de baja densidad, aunque este último es más resistente al agrietamiento y los impactos. Se emplea en la construcción y también para fabricar prótesis, envases, bombonas para gases y contenedores de agua y combustible.

Polinización: paso del polen desde los estambres o estructuras masculinas de la flor al estigma del pistilo, que es la estructura femenina, de la misma flor o de otra distinta. Cuando el polen pasa del estambre al estigma de la misma flor, se habla de auto-polinización o autogamia; la polinización cruzada o alogamia es el paso del polen de los estambres de una flor a otra de la misma planta (geitonogamia) o de una planta distinta de la misma especie (xenogamia).

Propano: gas incoloro e inodoro de la serie de los alcanos de los hidrocarburos, de fórmula C_3H_8. Se encuentra en el petróleo en crudo, en el gas natural y como producto derivado del refinado del petróleo. El propano no reacciona con vigor a temperatura ambiente; pero sí reacciona a dicha temperatura al mezclarlo con cloro y exponerlo a la luz. A temperaturas más altas, el propano arde en contacto con el aire y produce dióxido de carbono y agua, por lo que sirve como combustible.

Proteína: compuestos orgánicos constituidos por aminoácidos unidos a través de enlaces peptídicos que intervienen en diversas funciones vitales esenciales, como el metabolismo, la contracción muscular o la respuesta inmunológica. Se descubrieron en 1838 y hoy se sabe que son los componentes principales de las células y que suponen más del 50% del peso seco de los animales. El término proteína deriva del griego *proteios*, que significa "primero".

Q

Quantos: considerado el creador de la teoría cuántica, el físico alemán Max Planck enunció que la radiación electromagnética se emite en unidades discretas de energía denominadas quantos.

R

Radiación: proceso de transmisión de ondas o partículas a través del espacio o de algún medio; el término también se emplea para las propias ondas o partículas. Las ondas y las partículas tienen muchas características comunes; no obstante, la radiación suele producirse de manera predominante en una de las dos formas. La radiación mecánica corresponde a ondas que sólo se transmiten a través de la materia, como las ondas de sonido. La radiación electromagnética es independiente de la materia para su propagación; sin embargo, la velocidad, intensidad y dirección de su flujo de energía se ven influidos por la presencia de materia.

Radiómetro: instrumento para detectar y medir la intensidad de energía térmica radiante, en particular de rayos infrarrojos. Un radiómetro es un tubo de vidrio o cuarzo en el que se ha hecho un vacío parcial; dentro del tubo se encuentra un eje con cuatro paletas ligerísimas. Una cara de las aletas está ennegrecida, mientras la otra es de metal pulimentado. Al recibir radiación externa, el lado negro de una paleta absorbe más radiación que el lado pulimentado de la paleta opuesta, lo que hace que la primera paleta se aleje de la fuente de radiación. Dicho efecto produce una rotación constante de las paletas, con una velocidad que depende de la intensidad de la energía radiante.

Raíz: *Bot.* Órgano de las plantas superiores, casi siempre subterráneo, que desempeña varias funciones; entre ellas, absorber y conducir agua y minerales disueltos, acumular nutrientes y sujetar la planta al suelo. La raíz se diferencia del tallo por su estructura, por el modo en que se forma y por la falta de apéndices, como yemas y hojas. La primera raíz de la planta, llamada radícula, se alarga cuando germina la semilla y forma la raíz primaria. Las raíces que se ramifican a partir de la primaria se llaman secundarias. En muchas plantas, la raíz primaria se llama pivotante, es mucho mayor que las secundarias y alcanza mayor profundidad en el suelo. La remolacha o betabel y la zanahoria son ejemplos característicos de plantas con gruesas raíces pivotantes. Algunas especies con raíces de este tipo son difíciles de trasplantar, porque la rotura de la raíz primaria determina la pérdida de casi todo el sistema radicular y la muerte de la planta.

Reflexión: propiedad del movimiento ondulatorio, debido a la cual una onda retorna al propio medio de propagación tras incidir sobre una superficie.

Ribosoma: corpúsculo celular que utiliza las instrucciones genéticas contenidas en el ácido ribonucleico (ARN) para enlazar secuencias específicas de aminoácidos y formar así proteínas. Los ribosomas se encuentran en todas las células y también dentro de dos estructuras celulares llamadas mitocondrias y cloroplastos. Casi todos flotan libremente en el citoplasma (el contenido celular situado fuera del núcleo), pero muchos están enlazados a redes de túbulos envueltos en membranas que ocupan toda la masa celular y constituyen el llamado retículo endoplasmático. Cada ribosoma consta de cuatro moléculas o subunidades distintas de ácido ribonucleico (ARN) y de numerosas proteínas. En el ser humano, tres de estas cuatro subunidades se sintetizan en el nucleolo, una densa estructura granular situada dentro del núcleo. La cuarta subunidad se sintetiza fuera del nucleolo y se transporta al interior de éste para el ensamblaje del ribosoma.

S

Saprofito: cualquier organismo que no puede obtener su alimento mediante la fotosíntesis, y en su lugar se nutre de restos de materia vegetal o animal en putrefacción. Los hongos superiores, los mohos y otros tipos de hongos son los saprofitos más abundantes.

Sensores: la medición de magnitudes mecánicas, térmicas, eléctricas y químicas se realiza empleando dispositivos denominados sensores y transductores. El sensor es sensible a los cambios de la magnitud a medir, como una temperatura, una posición o una concentración química. El transductor convierte estas mediciones en señales eléctricas, que pueden alimentar a instrumentos de lectura, registro o control de las magnitudes medidas. Los sensores y transductores pueden funcionar en ubicaciones alejadas del observador, así como en entornos inadecuados o impracticables para los seres humanos.

Sistema inmunológico: también llamado sistema inmune, es el sistema corporal cuya función primordial consiste en destruir los agentes patógenos que encuentra. Cualquier agente considerado extraño por un sistema inmunológico se denomina antígeno.

Solanáceas: nombre común de una familia botánica formada por unos 90 géneros y 2600 especies, entre las que existen varias cultivadas como alimento y en jardinería, como la patata (papa), el tomate, la petunia, el tabaco y la berenjena, y unas cuantas venenosas. Las solanáceas venenosas contienen alcaloides de tres tipos principales: tropano (que se encuentra en la belladona, en el estramonio y en el beleño), piridina en el tabaco, y esteroides en algunas especies del género de la papa.

T

Tiamina: o vitamina B_1, una sustancia cristalina e incolora que funciona como catalizador en el metabolismo de los hidratos de carbono, lo cual permite metabolizar el ácido pirúvico y hace que los hidratos de carbono liberen su energía. La tiamina también participa en la síntesis de sustancias que regulan el sistema nervioso.

Trifosfato de adenosina (ATP): molécula que se encuentra en todos los seres vivos y constituye la fuente principal de energía utilizable por las células para realizar sus actividades. El ATP se origina por el metabolismo de los alimentos en unos orgánulos especiales de la célula llamados mitocondrias. El ATP se comporta como una coenzima, ya que su función de intercambio de energía y la función catalítica (trabajo de estimulación) de las enzimas están íntimamente relacionadas. La parte adenosina de la molécula está constituida por adenina, un compuesto que contiene nitrógeno (también uno de los componentes principales de los genes) y ribosa, un azúcar de cinco carbonos. Cada unidad de los tres fosfatos (trifosfato) que tiene la molécula está formada por un átomo de fósforo y cuatro de oxígeno, y el conjunto está unido a la ribosa a través de uno de estos últimos. Los dos puentes entre los grupos fosfato son uniones de alta energía; es decir, son relativamente débiles y ceden su energía con facilidad cuando las enzimas los rompen. Con la liberación del grupo fosfato del final se obtienen 7 kilocalorías (o calorías en el lenguaje común) de energía disponible para el trabajo, y la molécula de ATP se convierte en ADP (difosfato de adenosina). La mayoría de las reacciones celulares que consumen energía están potenciadas por la conversión de ATP a ADP, incluso la transmisión de las señales nerviosas, el movimiento de los músculos, la síntesis de proteínas y la división de la célula. Por lo general, el ADP recupera con rapidez la tercera unidad de fosfato a través de la reacción del citocromo, una proteína que se sintetiza al utilizar la energía aportada por los alimentos. En las células del músculo y del cerebro de los vertebrados, el exceso de ATP puede unirse a la creatina y proporcionar un depósito de energía de reserva.

Turba: material orgánico compacto, de color pardo oscuro y muy rico en carbono, que se forma como resultado de la putrefacción y carbonización parciales de la vegetación en el agua ácida de las turberas. En el hemisferio norte, la vegetación formadora de turba está compuesta en su mayoría por musgos. La turba salada es una forma especial de los marjales salados que se produce a partir de fragmentos de plantas del género *Spartina* y otras similares, parcialmente descompuestos. La formación de turba constituye la primera etapa del proceso por el que la vegetación se transforma en carbón. Las turberas están distribuidas por todo el mundo. Hay extensos depósitos en el norte de Estados Unidos, Canadá, Rusia, los países escandinavos, Inglaterra e Irlanda. La turba seca, comprimida en ladrillos, se utiliza en muchos países de Europa, sobre todo en Irlanda, como combustible, aunque no es tan eficaz como el carbón debido a su elevado contenido de agua y cenizas. La turba, y otros preparados comerciales de materia vegetal parcialmente descompuesta y también llamados turba, tiene excelentes propiedades de retención de agua, y se usa con frecuencia en jardinería para cubrir y mejorar los suelos. Pero la explotación de las turberas empieza a privar a muchas plantas y animales de su hábitat natural; por ello, muchos conservacionistas defienden el uso en jardinería y horticultura de otros materiales, como bonete, cáscara de cacao y composta de corteza.

Turgencia: acción de mantener la presión del agua dentro de la célula para evitar el marchitamiento.

V

Vacuola: cavidad rodeada por una membrana que se encuentra en el citoplasma de las células, principalmente de las vegetales. Se forman por fusión de las vesículas procedentes del retículo endoplasmático y del aparato de Golgi. En general, sirven para almacenar sustancias de desecho o de reserva. En las células vegetales, las vacuolas ocupan la mitad del volumen celular y en ocasiones pueden llegar hasta casi la totalidad. También aumentan el tamaño de la célula por acumulación de agua.

Veleta: el instrumento más utilizado para medir la dirección del viento.

Vitamina: cualquiera de un grupo de compuestos orgánicos esenciales en el metabolismo y necesarios para el crecimiento y, en general, para el buen funcionamiento del organismo. Las vitaminas participan en la formación de hormonas, células sanguíneas, sustancias químicas del sistema nervioso y material genético. Las diversas vitaminas no están relacionadas a nivel químico, y la mayoría de ellas tiene una acción fisiológica distinta. Por lo general actúan como catalizadores al combinarse con las proteínas, para metabolizar enzimas activas que a su vez producen importantes reacciones químicas en todo el cuerpo. Sin las vitaminas, muchas de estas reacciones tardarían más tiempo en producirse o cesarían por completo. Sin embargo, aún falta mucho para tener una idea clara de las intrincadas formas en que las vitaminas actúan en el cuerpo.

Hidroponia fácil

Para mayor información:
01 (722) 215 81 54
01 (722) 214 03 88

anilusa@prodigy.net.mx
anilusa@hidroponia.org.mx
www.hidroponia.org.mx
www.glosam.com

Apartado Postal 826
Toluca, Estado de México
C.P. 50000

Dirección:
Avenida Lerdo Poniente 862
Col. Electricistas Locales
C.P. 50040
Toluca, Estado de México